佛華嚴經卷第
十六之二

大方廣佛華嚴經

일러두기

1. 『대방광불화엄경 강설』 원문原文의 저본底本은 근세에 교정이 가장 잘 되었다고 정평이 나 있는 대만臺灣의 불타교육기금회佛陀教育基金會에서 출판한 『화엄경소초華嚴經疏鈔』본입니다.

2. 『대방광불화엄경 강설』은 실차난타實叉難陀가 695년부터 699년까지 4년에 걸쳐 번역해 낸 80권본卷本 『대방광불화엄경』을 우리말로 옮기고 강설을 붙인 것입니다.

3. 『대방광불화엄경』은 애초 산스크리트에서 한역漢譯된 경전이지만 현재 산스크리트본은 소실된 상태입니다. 산스크리트를 음차한 경우 굳이 원래 소리를 표기하려고 하기보다는 『표준국어대사전』이나 『불교사전』 등에 등재된 한자음을 사용하는 것을 원칙으로 하였습니다.

4. 경문의 한글 번역은 동국역경원본을 참고하여 그대로 또는 첨삭을 하며 의미대로 번역하고 다듬었습니다.

5. 각 품마다 내용에 따라 단락을 나누고 제목을 달았습니다. 단락의 제목은 주로 청량淸凉스님의 견해에 기초하였고 이통현李通玄장자의 견해를 참고로 하였습니다.

6. 『대방광불화엄경 강설』의 발행 순서는 한역 경전의 편재 순서를 기준으로 하였고 각 권은 단행본 한 권씩으로 출간될 예정이며 모두 80권으로 완간됩니다. 다만 80권본에 빠져 있는 「보현행원품」은 80권본 완역 및 강설 후 시리즈에 포함돼 추가될 예정입니다.

7. 『대방광불화엄경 강설』 안에서 불교용어를 풀이한 것은 운허스님이 저술하고 동국역경원에서 편찬한 『불교사전』을 인용하였습니다.

8. 각주의 청량스님의 소疏는 대만에서 입력한 大方廣佛華嚴經 사이트의 것을 사용하였습니다.

9. 『대방광불화엄경 강설』 입법계품에 들어가는 문수지남도는 북송北宋시대 불국佛國선사가 선재동자가 53명의 선지식을 친견하여 법을 구하는 장면을 하나하나 그림으로 그린 것입니다.

대방광불화엄경 강설
제 35 권

二十六. 십지품十地品 2

실차난타實叉難陀 한역
무비스님 강설

서문

그때에 금강장보살이 해탈월보살에게 말하였습니다.

"불자여, 보살마하살이 이미 초지初地를 수행하고 제2지에 들어가려 한다면 마땅히 열 가지의 깊은 마음을 일으켜야 하느니라."

"무엇을 열 가지라 하는가. 이른바 정직한 마음과 부드러운 마음과 참을성 있는 마음과 조복하는 마음과 고요한 마음과 순일하게 선善한 마음과 잡란하지 않은 마음과 그리움이 없는 마음과 넓은 마음과 큰 마음이니라. 보살이 이 열 가지의 마음으로 제2 이구지離垢地에 들어가느니라."

"불자여, 보살이 이구지에 머물면 성품이 저절로 일체 살생을 멀리 여의어서 칼이나 몽둥이를 두지 아니하고, 원한을 품지 아니하고, 부끄럽고 수줍음이 있으며, 인자하고 용서함이 구족하며, 일체 중생으로 생명 있는 자에게는 항상 이익되고 사랑하는 마음을 내느니라. 이 보살이 오히려 나쁜 마음으로 모든 중생을 시끄럽게 하지도 않거늘 하물며 그에게 중생이란 생각을 내면서 짐짓 거친 마음으로 살해를 행하겠는가."

이와 같이 사람 사람들의 진여불성은 본래로 살생을 멀리하며, 법성생명은 본래로 훔치는 일을 멀리하며, 참마음은 본래로 사음을 멀리하며, 차별 없는 참사람은 본래로 망어와 양설과 악구와 기어를 멀리합니다. 또 사람 사람들의 본래 부처인 경지와 본래 보살인 경지에서는 탐욕을 멀리하며, 분노를 멀리하며, 삿된 견해를 멀리합니다.

그러므로 거짓 나에게서 번뇌의 때를 멀리 떠나려 하지 말고 본래로 청정한 진여자성의 참나에 대한 깊은 이해와 깨달음으로 번뇌의 때를 떠나야 할 것입니다. 본래로 때가 없는 진여자성을 깨달아 누리는 것이 번뇌의 때를 떠난 이구지離垢地입니다.

2016년 1월 1일

신라 화엄종찰 금정산 범어사

如天 無比

대방광불화엄경 목차

대방광불화엄경 강설 제35권

二十六. 십지품十地品 2

정종분正宗分

대방광불화엄경 강설

제35권

二十六. 십지품 2

2. 제2 이구지離垢地를 설하다

1) 초지법문初地法門을 찬탄하다

제 보 살 문 차　　　최 승 미 묘 지
諸菩薩聞此　　　**最勝微妙地**하고

기 심 진 청 정　　　일 체 개 환 희
其心盡淸淨하야　　　**一切皆歡喜**라

모든 보살들이
가장 수승하고 미묘한 지위를 듣고
그 마음들이 모두 청정해져
일체 보살들이 다 환희하도다.

초지 환희지 법문을 마치고 이제 제2 이구지를 설한다. 이구지離垢地란 번뇌의 때와 온갖 잘못과 허물의 때를 떠나는 경지이다. 구체적으로 설하면 온갖 계율을 깨뜨리지 않는 청정한 계율바라밀을 주主바라밀로 하고 나머지 아홉 바라밀을 조助바라밀로 수행하는 단계이다. 그러므로 이구지에서는 여러 가지 계율에 대한 설명이 많이 등장한다.

청량스님은 소에서 이구지의 글을 이렇게 분류하였다. "바로 경문을 해석한다. 경문을 해석하는 부분을 셋으로 나눈다. 1은 찬탄하여 법을 청하는 부분이고, 2는 이구지 내용을 바로 설하는 부분이고, 3은 게송으로 거듭 설하는 부분이다."[1)]

개 종 어 좌 기 **皆從於座起**하사	용 주 허 공 중 **踊住虛空中**하야
보 산 상 묘 화 **普散上妙華**하고	동 시 공 칭 찬 **同時共稱讚**하사대

모두 다 자리에서 일어나

허공 중에 뛰어올라 머물면서

매우 훌륭한 꽃 널리 흩고

1) 正釋文, 文分三分 : 壹, 讚請分. 貳, 正說分. 參, 重頌分.

동시에 함께 칭찬하였느니라.

모든 보살들이 환희지의 법문을 듣고는 기쁨에 겨워 모두 자리에서 일어나 허공에 뛰어올라 머물면서 세상에서 가장 아름다운 꽃을 흩으며 다 같이 찬탄하였다.

선재금강장	대지무외자
善哉金剛藏	**大智無畏者**여
선설어차지	보살소행법
善說於此地	**菩薩所行法**일새

"훌륭하여라, 금강장金剛藏보살

큰 지혜로 두려움 없는 이여

이 지위의 초지 보살이

행하는 일을 잘 설하였도다."

보살들이 찬탄하는 내용이다. "훌륭하신 금강장보살은 지혜가 대단하며 두려움이 없으시다. 보살이 행할 바의 법을 참 잘 설하셨다."라고 하였다.

2) 제2지를 설해 줄 것을 청하다

해 탈 월 보 살 解脫月菩薩이	지 중 심 청 정 知衆心淸淨하야
낙 문 제 이 지 樂聞第二地의	소 유 제 행 상 所有諸行相하고

해탈월解脫月보살이

대중들의 마음이 청정하여

제2지에서 행할 일을

듣고 싶어함을 알고는

즉 청 금 강 장 卽請金剛藏호대	대 혜 원 연 설 大慧願演說하소서
불 자 개 락 문 佛子皆樂聞	소 주 제 이 지 所住第二地하나이다

곧 금강장보살에게 청하기를

"큰 지혜이신 님이여, 원컨대 연설하소서.

불자들이 모두 다 제2지 법문을

즐겨 듣고자 합니다."

해탈월보살이 대중들의 마음이 청정하여 제2지에서 수행할 일을 듣고 싶어함을 알고는 금강장보살에게 법을 청하였다.

3) 제2 이구지에 들어가는 열 가지 마음

이시 금강장보살 고해탈월보살언
爾時에 金剛藏菩薩이 告解脫月菩薩言하사대

불자 보살마하살 이수초지 욕입제이지
佛子야 菩薩摩訶薩이 已修初地하고 欲入第二地

당기십종심심
인댄 當起十種深心이니라

그때에 금강장보살이 해탈월보살에게 말하였습니다. "불자여, 보살마하살이 이미 초지를 수행하고 제2지에 들어가려 한다면 마땅히 열 가지의 깊은 마음을 일으켜야 하느니라."

금강장보살이 십지 중에 초지를 설하고 나니 해탈월보

살이 다음의 제2지를 설해 주기를 청하였다. 그래서 금강장 보살이 이제 제2지 설하기를 시작한다. 먼저 보살이 제2지에 들어가려면 열 가지의 깊은 마음을 일으켜야 함을 말하였다.

하등 위십 소위정직심 유연심 감능심
何等이 爲十고 所謂正直心과 柔軟心과 堪能心

조복심 적정심 순선심 부잡심 무고련
과 調伏心과 寂靜心과 純善心과 不雜心과 無顧戀

심 광심 대심 보살 이차십심 득입제
心과 廣心과 大心이니 菩薩이 以此十心으로 得入第

이이구지
二離垢地니라

"무엇을 열 가지라 하는가. 이른바 정직한 마음과 부드러운 마음과 참을성 있는 마음과 조복하는 마음과 고요한 마음과 순일하게 선善한 마음과 잡란하지 않은 마음과 그리움이 없는 마음과 넓은 마음과 큰 마음이니라. 보살이 이 열 가지의 마음으로 제2 이구지離垢地에 들어가느니라."

맨 처음에 나오는 정직한 마음은 보통의 사람으로서도 세상을 살아가는 데서 가장 우선시되어야 하는 것이다. 필자가 항상 주장하는 것이 정직하고 선량한 마음[純善心]이다. 설사 불법의 깊은 이치를 모르더라도 모든 사람들이 정직하고 선량하게만 살아간다면 세상은 참으로 맑고 향기로울 것이다. 하물며 모든 마음의 때를 떠나는 이구지 보살의 수행이야 말해 무엇하겠는가. 그 외에도 부드러운 마음과 참을성 있는 마음과 조복하는 마음과 고요한 마음과 순일하게 선한 마음과 잡란하지 않은 마음과 그리움이 없는 마음과 넓은 마음과 큰 마음 등 어느 것 하나 보살의 마음 아닌 것이 없다. 이와 같은 마음을 갖춰야 비로소 두 번째 단계에 오른 보살이라니 실로 아득하기 이를 데 없다. 50~60년의 절밥으로는 계란으로 바위를 치는 격이다.

4) 이구지에 머무는 마음, 삼취정계三聚淨戒를 말하다

(1) 섭율의계攝律儀戒인 십선十善을 말하다

1〉 불살생不殺生

불자 보살 주이구지 성자원리일체살생
佛子야 菩薩이 住離垢地에 性自遠離一切殺生

불축도장 불회원한 유참유괴 인
하야 不畜刀杖하며 不懷怨恨하며 有慚有愧하며 仁

서구족 어일체중생유명지자 상생이익자
恕具足하야 於一切衆生有命之者에 常生利益慈

념지심 시보살 상불악심 뇌제중생
念之心하나니 是菩薩이 尙不惡心으로 惱諸衆生이어든

하황어타 기중생상 고이중의 이행살해
何況於他에 起衆生想하야 故以重意로 而行殺害아

"불자여, 보살이 이구지에 머물면 성품이 저절로 일체 살생을 멀리 여의어서 칼이나 몽둥이를 두지 아니하고, 원한을 품지 아니하고, 부끄럽고 수줍음이 있으며, 인자하고 용서함이 구족하며, 일체 중생으로 생명 있는 자에게는 항상 이익되고 사랑하는 마음을 내느니라. 이 보살이 오히려 나쁜 마음으로 모든 중생을 시끄럽게 하지도 않거늘 하물며 그에게 중생이란 생각을 내면서 짐짓 거친 마음으로 살해를 행하겠는가."

제2 이구지 보살의 주된 바라밀은 계율이다. 그러므로 계율을 특별히 수행함을 들었다. 계율은 섭율의계와 섭선법계와 섭중생계라는 삼취정계[2]로써 설명한다. 먼저 섭율의계는 일체 악한 행을 하지 않는 것이다. 즉 몸[動作]과 입[言語]과 뜻[意念]으로 십악을 범하지 않는 제계制戒이다. 불살생不殺生 · 불투도不偸盜 · 불사음不邪淫 · 불망어不妄語 · 불양설不兩舌 · 불악구不惡口 · 불기어不綺語 · 불탐욕不貪欲 · 불진에不瞋恚 · 불사견不邪見이다. 이 열 가지를 하나하나 밝혀 나간다.

먼저 불살생을 밝혔다. 사람 사람의 진여자성 자리에는 본래로 살생이라는 악한 일은 없다. 오히려 생명이 상처를 입거나 죽는 것을 보면 측은해하고 마음 아파하는 방생放生

2) 섭율의계攝律儀戒 · 섭선법계攝善法戒 · 섭중생계攝衆生戒로 나뉜다. 섭율의계는 5계 · 10계 · 250계 등 일정하게 제정된 여러 규율위의規律威儀 등을 통한 윤리기준이고, 섭선법계는 선한 것이라면 무엇이든지 총섭하는 선량한 마음을 기준으로 하는 윤리원칙이며, 섭중생계는 일체의 중생을 제도한다는 대원칙에 따르는 윤리기준이다.

의 마음이 있다. 그런데 어찌 생명을 해치는 칼이나 몽둥이를 두겠는가. 생명에 대해서 무슨 원한을 품겠는가. 또한 일체 중생으로 생명 있는 자에게는 항상 이익되고 사랑하는 마음을 일으킨다. 이것이 제2 이구지 보살이 실천하는 지계바라밀이다.

2〉 불투도不偸盜

성불투도 보살 어자자재 상지지족
性不偸盜하야 菩薩이 於自資財에 常知止足하며
어타 자서 불욕침손 약물 속타 기
於他에 慈恕하야 不欲侵損하며 若物이 屬他인댄 起
타물상 종불어차 이생도심 내지초엽
他物想하야 終不於此에 而生盜心하며 乃至草葉
불여불취 하황기여자생지구
이라도 不與不取어든 何況其餘資生之具아

"성품이 훔치지 않나니, 보살이 자기의 재산에 만족함을 알고, 다른 이에게는 인자하고 사랑하여 침노하지 않으며, 다른 이에게 소속한 물건은 남의 것이라는 생각을 내어 마침내 이 물건에 훔치려는 마음을 내지 않고, 풀잎 하나라도 주지 않는 것은 가지지 않거든 어찌 하물며 그 나머지 생활에 필요한 물건이겠는가."

사람 사람의 진여자성에는 본래로 훔치는 일이 없다. 그런데 중생들은 그 청정한 진여자성이 자신의 참나라는 사실을 잊은 채 오온과 아상과 아집이 자기인 줄 잘못 알고 자신의 것도 아닌 재산을 넘겨다보고 훔치기도 하고, 빼앗기도 하고, 심지어는 사기와 협잡으로 자기의 것으로 만드는 일을 거침없이 행한다. 가족 간의 갈등과 이웃 간의 갈등과 친족 간의 갈등과 나라와 나라 사이의 갈등이 쉼 없이 일어나고 있는 것이다.

3〉 불사음不邪淫

성불사음 보살 어자처 지족 불구타
性不邪淫하야 **菩薩**이 **於自妻**에 **知足**하야 **不求他**

처 어타처첩 타소호녀 친족매정 급위
妻하며 **於他妻妾**과 **他所護女**와 **親族媒定**과 **及爲**

법소호 상불생어탐염지심 하황종사
法所護에 尙不生於貪染之心이어든 何況從事하며

황어비도
況於非道아

"성품이 사음하지 않나니, 보살이 자기의 아내에게 만족함을 알고 다른 이의 아내를 구하지 않으며, 다른 이의 아내나 첩이나, 다른 이가 수호하는 여자나, 친족이거나, 약혼[媒定]하였거나, 법으로 보호하는 사람에게 탐하는 마음을 내지 않거든 어찌 하물며 그런 일을 좇으며 하물며 도리가 아닌 짓을 하겠는가."

모든 사람들의 진여자성에는 본래로 삿된 음행이 없다. 그래서 차별 없는 참사람의 자리를 굳건히 지키는 보살에게 사음이란 있을 수 없는 일이다. 1950년을 전후하여 우리나라 불교계에 비구승과 대처승이 나누어져 서로 갈등하며 절을 차지하려고 하는 분쟁이 여기저기에서 일어났다. 그때 일어난 운동이 소위 정화운동淨化運動이다. 그때 대처승들이 자신들의 대처를 합리화하여 주장하는 말이 곧 "보살이 자기의 아내에게 만족함을 알고 다른 이의 아내를 구하지 않는

다[自妻知足 不求他妻].”는 내용이었다. 옳은 말이다. 만약 이구지에 머문 보살이라면 당연하게 주장해도 되는 말이다. 여기까지의 세 가지가 몸으로 짓는 선한 업이다.

4) 불망어不妄語

성 불 망 어 　 보 살 　 상 작 실 어 진 어 시 어
性不妄語하야 菩薩이 常作實語眞語時語하며

내 지 몽 중 　 역 불 인 작 부 장 지 어 　 무 심 욕 작
乃至夢中에도 亦不忍作覆藏之語하야 無心欲作

하 황 고 범
이어든 何況故犯가

“성품이 거짓말을 하지 않나니, 보살이 항상 진실한 말과 참된 말과 시기에 맞는 말을 하고, 꿈에서라도 자기의 허물을 덮어두는[覆藏] 말을 차마 하지 못하며 하려는 마음도 없거든 어찌 하물며 고의로 범하겠는가.”

다음은 말로 짓는 네 가지 업을 설한다. 모든 사람들의 본래의 성품은 거짓말을 하지 않는다. 참나가 아닌 오온의

자아에 집착하여 인생을 살아가는 사람들은 온통 거짓말이 난무한다. 특히 고위 관리나 정치인들이 그렇다. 공약公約은 공약空約이 된 지 오래다. 보살은 꿈에서라도 그런 말을 하지 않는다. 자신의 허물을 덮어두고[覆藏] 입을 싹 닫아 버리는 말은 차마 하지 못한다. 필자가 정직을 주창하는 뜻도 여기에 있다.

5〉 불양설不兩舌

성불양설 보살 어제중생 무이간심
性不兩舌하야 菩薩이 於諸衆生에 無離間心하며

무뇌해심 부장차어 위파피고 이향피
無惱害心하며 不將此語하야 爲破彼故로 而向彼

설 부장피어 위파차고 이향차설 미
說하며 不將彼語하야 爲破此故로 而向此說하며 未

파자 불령파 이파자 부증장 불희이간
破者는 不令破하며 已破者는 不增長하며 不喜離間

불락이간 부작이간어 불설이간어
하며 不樂離間하며 不作離間語하며 不說離間語의

약 실 약 불 실
若實若不實이니라

"성품이 이간하는 두 가지 말[兩舌]을 하지 않나니, 보살은 모든 중생에게 이간하는 마음이 없고 해치려는 마음도 없으며, 이 말로써 저를 파괴하기 위하여 저에게 말하지 아니하고, 저 말로써 이를 파괴하기 위하여 이에게 말하지 않으며, 아직 파괴하지 않은 것을 파괴하게 하지 않고, 이미 파괴한 것을 더 증장케 하지 않으며, 이간하는 것을 기뻐하지도 않고, 이간하기를 좋아하지도 않으며, 이간할 말을 짓지도 않고, 이간하는 말은 실제이거나 실제가 아니거나 말하지 아니하느니라."

진여자성에는 본래 두 가지 말로써 이간하는 일이 없다. 보살이 어찌 모든 중생에게 이간하는 말을 하겠는가. 세상에는 이 사람과 저 사람을 이간해서 자신의 이익을 노리는 사람들이 적지 않다. 단체와 단체 사이에서도 그렇고 나라와 나라 사이에서도 그렇다. 사실이거나 사실이 아니거나 사람과 사람을 이간하는 말을 하는 이는 보살이 아니다.

6〉 불악구不惡口

성불악구 소위독해어 추광어 고타어
性不惡口하야 所謂毒害語와 麤獷語와 苦他語와

영타진한어 현전어 불현전어 비악어 용
令他瞋恨語와 現前語와 不現前語와 鄙惡語와 庸

천어 불가락문어 문자불열어 진분어 여
賤語와 不可樂聞語와 聞者不悅語와 瞋忿語와 如

화소심어 원결어 열뇌어 불가애어 불가
火燒心語와 寃結語와 熱惱語와 不可愛語와 不可

락어 능괴자신타신어 여시등어 개실사리
樂語와 能壞自身他身語인 如是等語를 皆悉捨離
하고

"성품이 나쁜 말[惡口]을 하지 않나니, 이른바 해롭게 하는 말과, 거친 말과, 남을 괴롭히는 말과, 남을 성내게 하는 말과, 앞에 대한 말과, 앞에 대하지 않은 말과, 불공不恭한 말과, 버릇없는 말과, 듣기 싫은 말과, 듣는 이에게 기쁘지 않은 말과, 분노한 말과, 불처럼 속을 태우는 말과, 원결을 맺는 말과, 시끄러운 말과, 좋지 않은 말과, 달갑지 않은 말과, 나와 남을 해롭게 하는 말 등 이와 같은 말은 모두 버렸느니라."

사람 사람의 진여자성은 본래로 나쁜 말을 하지 않는다. 나쁜 말을 가지고 있지 않다. 진여자성을 등지고 오온을 자기 자신이라고 여기고 살아가는 사람들에게는 나쁜 말에도 위와 같이 여러 가지가 있다. 참으로 조심하고 경계해야 한다. 인간관계가 원만하지 못하고 서로 갈등하는 것은 대개가 나쁜 말을 하기 때문이다.

상작윤택어 유연어 열의어 가락문어
常作潤澤語와 **柔軟語**와 **悅意語**와 **可樂聞語**와

문자희열어 선입인심어 풍아전칙어 다인
聞者喜悅語와 **善入人心語**와 **風雅典則語**와 **多人**

애락어 다인열락어 신심용열어
愛樂語와 **多人悅樂語**와 **身心踊悅語**니라

"그러고는 항상 윤택한 말과, 부드러운 말과, 뜻에 맞는 말과, 듣기 좋은 말과, 듣는 이가 기뻐하는 말과, 남의 마음에 잘 들어가는 말과, 운치 있고 규모 있는 말과, 여러 사람이 좋아하는 말과, 여러 사람이 기뻐하는 말과, 몸과 마음에 희열한 말을 하느니라."

온갖 나쁜 말을 일절 하지 않는 대신에 위와 같은 좋은 말만 해야 한다. "한마디 말이 천 냥 빚을 갚는다."고 하지 않던가. 사람이 생긴 것은 타고났으니 어쩔 수가 없지만 말이라는 것은 그때그때 스스로 만들어서 내뱉는 것이므로 조금만 생각하고 조심한다면 얼마든지 아름답고 품위 있는 말을 할 수 있다. 진정한 보살은 결코 나쁜 말을 하지 않고 좋은 말과 아름다운 말만 한다. 대인 관계에서 가장 중요한 것은 말이다. 깊이 명심해야 한다.

7〉 불기어不綺語

성불기어 보살 상락사심어 시어 실
性不綺語하야 **菩薩**이 **常樂思審語**와 **時語**와 **實**

어 의어 법어 순도리어 교조복어 수시
語와 **義語**와 **法語**와 **順道理語**와 **巧調伏語**와 **隨時**

주량결정어 시보살 내지희소 상항사심
籌量決定語니 **是菩薩**이 **乃至戲笑**에도 **尙恒思審**

하황고출산란지언
이어든 **何況故出散亂之言**가

"성품이 번드르르한 말[綺語]을 하지 않나니, 보살은 언제나 잘 생각하고 하는 말과, 시기에 맞는 말과, 진실한 말과, 이치에 맞는 말과, 법다운 말과, 도리에 맞는 말과, 잘 조복하는 말과, 때에 맞추어 요량하여 결정한 말을 좋아하느니라. 이 보살은 우스갯소리도 오히려 항상 생각하고 말하거든 어찌 하물며 짐짓 산란한 말을 하겠는가."

사람 사람의 진여자성에는 본래로 비단결 같은 번드르르한 말이 없다. 그래서 보살은 늘 참마음 안에 본래로 갖추고 있는 잘 생각하고 하는 말과 시기에 맞는 말과 진실한 말과 이치에 맞는 말과 법다운 말과 도리에 맞는 말만을 한다.

8〉 불탐욕不貪欲

성불탐욕 보살 어타재물 타소자용
性不貪欲하야 **菩薩**이 **於他財物**과 **他所資用**에

불생탐심 불원불구
不生貪心하며 **不願不求**니라

"성품이 탐내지 않나니, 보살이 남의 재물이나 다른 이의 물건을 탐하지 않고, 원하지 않고, 구하지도 않느니라."

모든 사람의 진여자성에는 본래로 탐욕이 없다. 다만 오온을 자기 자신이라고 생각하는 집착 때문에 남의 재물이나 다른 이의 물건을 탐하여 부모와도 소송을 하고 형제와도 소송을 하여 온갖 상처를 주고 또한 받는다. 아무리 재산이 많다 하더라도 부모와 형제와 친척 간에 소송하고 반목하게 된다면 그것을 어찌 성공한 삶이라 하겠는가. 자기의 재물도 남을 위해 베풀거늘 어찌 남의 것을 탐하겠는가.

9〉 불진에不瞋恚

성이진에 보살 어일체중생 항기자심
性離瞋恚하야 **菩薩**이 **於一切衆生**에 **恒起慈心**과

이익심　애민심　환희심　화윤심　섭수심
利益心과 **哀愍心**과 **歡喜心**과 **和潤心**과 **攝受心**하야

영사진한원해열뇌　　상사순행인자우익
永捨瞋恨怨害熱惱하고 **常思順行仁慈祐益**이니라

"성품이 성냄을 여의었으니, 보살이 일체 중생에게 항상 자비한 마음과, 이익하게 하는 마음과, 가엾이 여기는 마음과, 환희한 마음과, 화평한 마음과, 포섭하는 마음을 내느니라. 미워하고 원망하고 해치고 시끄럽게 하는 마음을 영원히 버리고, 항상 인자하고 도와주고 이익하게 하려는 일을 생각하여 행하느니라."

사람의 진여자성에는 본래로 성냄이 없다. 참마음은 항상 자비한 마음과 이익하게 하는 마음과 가엾이 여기는 마음과 환희한 마음과 화평한 마음으로 넘쳐나건만 오온을 자기 자신의 전부인 것으로 알고 집착하는 중생들은 미워하고, 원망하고, 해치고, 시끄럽게 하는 마음만을 주고받는다.

10〉 불사견不邪見

우이사견 보살 주어정도 불행점복
又離邪見하야 **菩薩**이 **住於正道**하며 **不行占卜**하며

불취악계 심견정직 무광무첨 어불법
不取惡戒하며 **心見正直**하며 **無誑無諂**하며 **於佛法**

승 기결정신 불자 보살마하살 여시호
僧에 **起決定信**이니 **佛子**야 **菩薩摩訶薩**이 **如是護**

지십선업도 상무간단
持十善業道하야 **常無間斷**이니라

"또 삿된 소견이 없나니, 보살이 바른 도리에 머물러서 점치지 않고, 나쁜 계율을 가지지 않고, 마음과 소견이 정직하고, 속이고 아첨하지 않으며, 불보佛寶와 법보法寶와 승보僧寶에 결정한 신심을 내느니라. 불자여, 보살마하살이 이와 같이 열 가지의 선한 도를 행하여 항상 끊임이 없느니라."

사람 사람의 참마음인 진여자성에는 본래로 삿된 소견이 없다. 그러므로 보살은 항상 바른 도에 머문다. 점을 치지 아니하고, 나쁜 계율을 가지지 아니하고, 마음과 소견이 정직하고, 속이고 아첨하지 않으며, 부처님과 법과 스님에게

확고한 신심을 내어 살아간다.

이것이 보살이 이구지에 머무는 마음으로서 삼취정계三聚淨戒 중 섭율의계攝律儀戒인 십선十善의 내용을 모두 설하여 마쳤다.

(2) 섭선법계攝善法戒인 오종五種의 십선十善

부작시념 일체중생 타악취자 막불개
復作是念호대 **一切衆生**의 **墮惡趣者**가 **莫不皆**
이십불선업 시고 아당자수정행 역권
以十不善業이라 **是故**로 **我當自修正行**하고 **亦勸**
어타 영수정행 하이고 약자불능수행정
於他하야 **令修正行**이니 **何以故**오 **若自不能修行正**
행 영타수자 무유시처
行하고 **令他修者**가 **無有是處**니라

"다시 또 생각하기를 '일체 중생이 나쁜 갈래에 떨어지는 것은 모두 열 가지 나쁜 업을 행하기 때문이니라. 그러므로 나는 마땅히 스스로 바른 행을 닦고, 다른 이에게도 바른 행을 닦도록 권할 것이니라. 왜냐하면 만약 스스로 바른 행을 행하지 못하면서 다른 이로 하여금 바른 행을 닦게 함은 옳지 않기 때문이니라.' 라고 하느니라."

이구지에서 삼취정계를 주된 바라밀로 수행하면서 두 번째는 섭선법계를 설한다. 섭선법계란 선한 일이라면 무엇이든 적극적으로 다 총섭하는 선량한 마음을 기준으로 삼은 윤리로서 여기서는 다섯 가지의 십선을 밝혔다.

보살이 생각하기를 '일체 중생이 나쁜 갈래에 떨어지는 것은 모두 열 가지 나쁜 업을 행하기 때문이다. 그들을 제도하려면 먼저 나 자신부터 바른 행을 닦아야 할 것이다. 그래야 다른 이들로 하여금 바른 행을 닦게 할 수 있기 때문이다.'라고 하였다.

1〉 제1 천상에 태어나다

불자 차보살마하살 부작시념 십불선

佛子야 **此菩薩摩訶薩**이 **復作是念**호대 **十不善**

업 도　시 지 옥 축 생 아 귀　수 생 인　　십 선 업 도
業道는 是地獄畜生餓鬼의 受生因이며 十善業道는

시 인 천　내 지 유 정 처　수 생 인
是人天과 乃至有頂處의 受生因이니라

"불자여, 이 보살마하살이 또 생각하기를 '열 가지의 나쁜 업[3)]은 지옥이나 아귀나 축생에 태어나는 원인이 되며, 열 가지의 선한 업은 인간에나 천상에나 내지 색계色界나 무색계에 태어나는 원인이 되느니라.'"

열 가지의 나쁜 업은 지옥이나 아귀나 축생에 태어나는 원인이 되며, 열 가지의 선한 업은 인간에나 천상에나 내지 색계나 무색계에 태어나는 원인이 된다. 이것은 오종의 십선 중에 그 하나다. 즉 천상에 태어나는 일이다. 십선을 닦으면서 가장 낮은 결과다.

---

3) 열 가지 나쁜 업이란 살생殺生·투도偸盜·사음邪淫·망어妄語·양설兩舌·악구惡口·기어綺語·탐욕貪欲·진에瞋恚·사견邪見이며, 열 가지 선한 업이란 불살생不殺生·불투도不偸盜·불사음不邪淫·불망어不妄語·불양설不兩舌·불악구不惡口·불기어不綺語·불탐욕不貪欲·불진에不瞋恚·불사견不邪見이다.

2〉 제2 성문승이 되다

우차상품십선업도　이지혜수습　심협렬
又此上品十善業道는 **以智慧修習**호대 **心狹劣**

고　포삼계고　궐대비고　종타문성이해료고
故며 **怖三界故**며 **闕大悲故**며 **從他聞聲而解了故**

성성문승
로 **成聲聞乘**이니라

"'또 이 상품 십선업十善業을 지혜로써 닦으면서도 마음이 용렬한 연고며, 삼계를 두려워하는 연고며, 대비심이 없는 연고며, 다른 이의 말을 듣고 이해하는 연고로 성문승聲聞乘이 되리라.'"

오종의 십선 중에 두 번째다. 십선을 닦더라도 마음이 용렬하거나 삼계를 두려워하거나 대비심이 없으면 천상에 태어나는 것보다는 우수하나 겨우 성문승이 된다.

3〉 제3 독각승이 되다

우차상품십선업도　수치청정　부종타교
又此上品十善業道는 **修治淸淨**호대 **不從他敎**

자각오고 대비방편 불구족고 오해심
하고 自覺悟故며 大悲方便이 不具足故며 悟解甚

심인연법고 성독각승
深因緣法故로 成獨覺乘이니라

"'또 상품 십선업을 청정하게 닦으면서도 남의 가르침을 받지 않고 스스로 깨달은 연고며, 대비 방편을 갖추지 못한 연고며, 깊은 인연법을 깨달은 연고로 독각승獨覺乘이 되리라.'"

십선을 닦은 세 번째 단계는 독각승이다. 천상에 태어나거나 성문승이 되는 것보다는 우수한 단계다.

4〉 보살승이 되다

우차상품십선업도 수치청정 심광무량
又此上品十善業道는 修治淸淨호대 心廣無量

고 구족비민고 방편소섭고 발생대원고
故며 具足悲愍故며 方便所攝故며 發生大願故며

불사중생고 희구제불대지고 정치보살제지
不捨衆生故며 希求諸佛大智故며 淨治菩薩諸地

고　정수일체제도고　성보살광대행
故며 淨修一切諸度故로 成菩薩廣大行이니라

"'또 상품 십선업을 청정하게 닦으면서 마음이 한량없이 광대하고, 자비를 구족하고, 방편에 포섭되고, 큰 서원을 내고, 중생을 버리지 아니하고, 부처님의 지혜를 구하고, 보살의 여러 지위를 깨끗이 다스리고, 모든 바라밀다를 닦음으로 보살의 광대한 행을 이루리라.'"

십선을 닦는다 하더라도 어떻게 닦는가에 따라 천상에 태어나고, 성문도 되고, 독각도 되고, 보살도 되고, 부처도 된다. 네 번째는 보살의 경지에 이른 내용이다.

5〉 부처가 되다

우차상상십선업도　일체종　청정고　내지
又此上上十善業道는 一切種이 淸淨故며 乃至

증십력사무외고　일체불법　개득성취
證十力四無畏故로 一切佛法을 皆得成就하나니

시고　아금등행십선　응령일체　구족청정
是故로 我今等行十善하야 應令一切로 具足淸淨

여시방편 보살 당학
이니 如是方便을 菩薩이 當學이니라

"'또 상상품 십선업으로는 온갖 것이 청정한 연고며, 내지 열 가지의 힘과 네 가지의 두려움 없음을 증득하는 연고로 일체 부처님 법을 모두 성취하리니, 그러므로 내가 이제 열 가지의 선을 평등하게 행하여 일체로 하여금 구족하게 청정하도록 하리니 이와 같은 방편을 보살이 마땅히 배울 것이로다.' 라고 하느니라."

십선을 닦아 마지막 다섯 번째에 이른 경지이다. 같은 십선을 닦아도 이와 같이 부처의 경지에 이른 것이다. 즉 십선을 완벽하게 닦아서 부처의 경지에 이른 것을 밝혔다. 열 가지 힘과 네 가지의 두려움 없음을 증득하고 일체 부처님 법을 모두 성취한다는 것이 그것이다. 선한 일이라면 무엇이든 다 총섭하는 선량한 행을 닦는 섭선법계를 설하여 마쳤다.

(3) 섭중생계攝衆生戒인 이익 중생

1) 십불선도十不善道의 인과

불자 차보살마하살 우작시념 십불선
佛子야 **此菩薩摩訶薩**이 **又作是念**호대 **十不善**

업도 상자 지옥인 중자 축생인 하자
業道가 **上者**는 **地獄因**이요 **中者**는 **畜生因**이요 **下者**는

아귀인 어중 살생지죄 능령중생 타어
餓鬼因이니 **於中**에 **殺生之罪**는 **能令衆生**으로 **墮於**

지옥축생아귀 약생인중 득이종과보
地獄畜生餓鬼하며 **若生人中**이라도 **得二種果報**하나니

일자 단명 이자 다병
一者는 **短命**이요 **二者**는 **多病**이니라

"불자여, 이 보살마하살이 또 생각하기를 '열 가지의 나쁜 업은 상품上品은 지옥의 인因이 되고, 중품中品은 축생의 인이 되고, 하품은 아귀의 인이 되느니라. 그중에서 살생한 죄의 중생들은 지옥, 축생, 아귀에 떨어질 것이며, 인간에 태어나더라도 두 가지 과보를 받으리니 하나는 단명하고, 둘은 병이 많으리라."

중생들을 섭수하여 중생들을 이익하게 하는 섭중생계를

설한다. 먼저 열 가지 나쁜 업을 지으면 나쁜 과보를 받는 것을 설하여 나쁜 업을 닦지 않기를 경고한다. 먼저 살생하는 죄의 두 가지 과보를 밝혔다. 단명하거나 병고가 많은 과보는 모두 생명의 문제에 해당한다. 남의 생명을 해쳤기 때문에 받는 과보다.

투도지죄 역령중생 타삼악도 약생
偸盜之罪도 **亦令衆生**으로 **墮三惡道**하며 **若生**
인중 득이종과보 일자 빈궁 이자
人中이라도 **得二種果報**하나니 **一者**는 **貧窮**이요 **二者**는
공재부득자재
共財不得自在니라

"훔친 죄로는 또한 중생들이 세 가지 나쁜 갈래에 떨어질 것이며, 인간에 태어나더라도 두 가지 과보를 받으리라. 하나는 빈궁하고, 둘은 재물을 함께 가지게 되나 마음대로 하지 못하리라."

남의 재산을 훔친 죄에도 역시 두 가지 과보가 있다. 재물을 훔친 과보는 역시 재물과 관계가 있는 결과를 초래한다.

사음지죄 역령중생 타삼악도 약생
邪淫之罪도 亦令衆生으로 墮三惡道하며 若生

인중 득이종과보 일자 처부정량
人中이라도 得二種果報하나니 一者는 妻不貞良이요

이자 부득수의권속
二者는 不得隨意眷屬이니라

"사음한 죄로는 또한 중생들이 세 가지 나쁜 갈래에 떨어질 것이며, 인간에 태어나더라도 두 가지 과보를 받으리라. 하나는 아내의 행실이 부정하고, 둘은 마음에 드는 권속을 얻지 못하리라."

앞에서 자처自妻에 만족한 줄을 알고 다른 이의 아내를 구하지 말라고 하였다. 하필 아내이겠는가. 다른 이의 남자에 대한 경우도 그와 같다. 남과 남이 만나서 가족을 이루는 것은 사랑과 믿음과 존경을 바탕으로 한다. 만약 이것이 없으면 가족이 아니라 남이다.

망어지죄 역령중생 타삼악도 약생
妄語之罪도 亦令衆生으로 墮三惡道하며 若生

인중　　득이종과보　　일자　다피비방
人中이라도 得二種果報하나니 一者는 多被誹謗이요

이자　위타소광
二者는 爲他所誑이니라

"거짓말한 죄로는 중생들이 세 가지 나쁜 갈래에 떨어질 것이며, 인간에 태어나더라도 두 가지 과보를 받으리라. 하나는 비방을 많이 받고, 둘은 남에게 속게 되리라."

거짓말은 그 목적이 남을 속여서 이득을 보자는 데 있다. 그러므로 거짓말을 한 과보는 비방과 사기와 협잡과 속임을 당하는 일이다.

양설지죄　역령중생　　타삼악도　　약생
兩舌之罪도 亦令衆生으로 墮三惡道하며 若生

인중　　득이종과보　　일자　권속괴리　이
人中이라도 得二種果報하나니 一者는 眷屬乖離요 二

자　친족폐악
者는 親族弊惡이니라

"이간하는 죄로는 또한 중생들이 세 가지 나쁜 갈래에 떨어질 것이며, 인간에 태어나더라도 두 가지 과보를 받으리라. 하나는 권속이 뿔뿔이 흩어지고, 둘은 친족들이 험악하리라."

두 가지 말로 여기 가서는 이렇게 말하고 저기 가서는 또 저렇게 말하여 두 사람 사이를 이간하면 그 과보로 권속이 뿔뿔이 흩어진다. 또한 친족들 사이가 험악해서 반목하고 소송하고 원한 관계가 될 것이다. 얼마나 안타까운 일인가.

악구지죄 역령중생 타삼악도 약생
惡口之罪도 **亦令衆生**으로 **墮三惡道**하며 **若生**

인중 득이종과보 일자 상문악성
人中이라도 **得二種果報**하나니 **一者**는 **常聞惡聲**이요

이자 언다쟁송
二者는 **言多諍訟**이니라

"나쁜 말을 한 죄로는 또한 중생들이 세 가지 나쁜 갈래에 떨어질 것이며, 인간에 태어나더라도 두 가지

과보를 받으리라. 하나는 항상 나쁜 소리를 듣고, 둘은 다투는 일이 많으리라."

나쁜 말, 즉 악구惡口는 험악한 소리로 남을 사정없이 비방하고 윽박지르는 것이다. 자신에게 나쁜 말 하는 것을 듣고 좋아할 사람은 이 세상에 아무도 없다. 그 과보로 역시 나쁜 소리를 들을 것이며, 다른 사람과 다투는 일이 많으리라.

기어지죄 역령중생 타삼악도 약생
綺語之罪도 **亦令衆生**으로 **墮三惡道**하며 **若生**
인중 득이종과보 일자 언무인수 이
人中이라도 **得二種果報**하나니 **一者**는 **言無人受**요 **二**
자 어불명료
者는 **語不明了**니라

"번드르르한 말을 한 죄로는 또한 중생들이 세 가지 나쁜 갈래에 떨어질 것이며, 인간에 태어나더라도 두 가지 과보를 받으리라. 하나는 사람들이 내 말을 곧이 듣지 않고, 둘은 말소리가 분명치 못하리라."

내용도 없고 진실하지도 않으면서 비단결같이 번드르르하기만 한 말을 듣고 있으면 구역질이 난다. 그러니 누가 그 말을 수긍하여 받아들이겠는가. 또 말이 불분명한 사람들이 가끔 있는 것은 그와 같은 과보인가?

탐욕지죄 역령중생 타삼악도 약생
貪欲之罪도 **亦令衆生**으로 **墮三惡道**하며 **若生**

인중 득이종과보 일자 심부지족
人中이라도 **得二種果報**하나니 **一者**는 **心不知足**이요

이자 다욕무염
二者는 **多欲無厭**이니라

"탐욕스러운 죄로는 또한 중생들이 세 가지 나쁜 갈래에 떨어질 것이며, 인간에 태어나더라도 두 가지 과보를 받으리라. 하나는 만족할 줄 모르고, 둘은 욕심이 끝이 없으리라."

'만족할 줄 아는 사람이 가장 부자'라는 말이 있다. 삼귀의에서 그 많고 많은 부처님의 가르침을 대표하는 것이 귀의법 이욕존歸依法 離欲尊이다. 부처님의 법이란 다름 아닌 욕심을 떠나는 것이다. 모든 중생들이 욕심을 떠나기가 얼마나 어려우면 부처님의 가르침을 한마디로 말하면 욕심을 떠나라는 것이겠는가.

50~60년을 부처님의 슬하에 살면서 도를 닦는다고는 하였으나 그 욕심 하나 떠나는 법력과 도력은 눈곱만 한 작은 것도 안 보인다. 설사 조금 있다 한들 계란으로 바위 치기다. 법력은 계란이고 욕심은 바위다. 그래서야 어찌 법력이 업력을 이기겠는가. 오근五根이 각각 좋은 것만 찾아 헤매는 욕망이나 일반적인 오욕의 재물, 이성, 음식, 명예, 잠 등에 대한 욕망이나 마찬가지다. 이 세상에 욕심이 없는 사람 한번 만나 보고 싶다. "나는 오직 만족할 줄을 안다."는 오유지족吾唯知足이라는 글은 그렇게도 많건만 만족할 줄 아는 사람은 왜 그렇게도 없는가? 팔만사천이나 되는 인간의 번뇌 중에서 삼독이 가장 지독하며, 삼독 중에서 탐욕이 가장 지독하기 때문에 탐貪이 일체 번뇌의 첫 자리에 온다.

진에지죄　역령중생　　타삼악도　　약생
瞋恚之罪도 亦令衆生으로 墮三惡道하며 若生

인중　　득이종과보　　일자　상피타인　구
人中이라도 得二種果報하나니 一者는 常被他人의 求

기장단　　이자　항피어타지소뇌해
其長短이요 二者는 恒被於他之所惱害니라

"성낸 죄로는 또한 중생들이 세 가지 나쁜 갈래에 떨어질 것이며, 인간에 태어나더라도 두 가지 과보를 받으리라. 하나는 항상 남들에게 시비를 받게 되고, 둘은 항상 남의 해침을 받으리라."

성냄과 분노와 화는 같은 뜻이다. 앞의 탐욕이 제대로 이뤄지지 않을 때 사람들은 성을 낸다. 모든 구하고자 하는 것은 인연의 이치로 오고 가건만 인연의 이치는 잊어 버리고 화부터 낸다. 옳고 그름을 따지고 잘잘못을 시비하여 투쟁을 야기한다. 작은 시비와 투쟁이 급기야는 생사를 가르고 전쟁을 불러온다. 인간 고통의 큰 원인이 되기 때문에 화를 다스리는 가르침이 무수히 많다.

사견지죄 역령중생 타삼악도 약생인
邪見之罪도 亦令衆生으로 墮三惡道하며 若生人

중 득이종과보 일자 생사견가 이자
中이라도 得二種果報하나니 一者는 生邪見家요 二者는

기심첨곡 불자 십불선업도 능생차등무
其心諂曲이니라 佛子야 十不善業道가 能生此等無

량무변중대고취
量無邊衆大苦聚하나니라

"삿된 소견을 가진 죄로는 또한 중생들이 세 가지 나쁜 갈래에 떨어질 것이며, 인간에 태어나더라도 두 가지 과보를 받으리라. 하나는 삿된 소견을 가진 집에 태어나게 되고, 둘은 마음이 아첨하고 굽으리라.'라고 하느니라. 불자여, 이 열 가지의 나쁜 업은 이러한 한량없고 그지없는 여러 가지의 큰 고통 무더기를 만들어 내느니라."

삿된 견해란 달리 표현하면 어리석음이다. 바른 견해가 아닌 삿된 견해란 모든 존재와 일체 일의 진실한 이치는 일체가 인과관계며 연기관계로 생성하고 소멸하며 변화하고 발전한다는 사실을 알지 못하고 믿지 않음으로써 생기는 것이다. 일체 존재와 일체 일이 인연의 이치라는 것을 알고 그 이치에 맞추어 산다면 성공한 인생이라고 할 수 있다.

그래서 대만의 성엄(聖嚴,1930~2009)스님은 "성공의 삼박자는 인연에 순응하여, 인연을 파악하고, 인연을 창조하는 것"[4] 이라고 하였다. 여기까지 십불선도十不善道의 인과를 설명하여 마쳤다.

2〉 보살의 원願과 행行

시고 보살 작여시념 아당원리십불선
是故로 **菩薩**이 **作如是念**호대 **我當遠離十不善**

도 이십선도 위법원원 애락안주 자
道하고 **以十善道**로 **爲法園苑**하야 **愛樂安住**하야 **自**

주기중 역권타인 영주기중
住其中하며 **亦勸他人**하야 **令住其中**이니라

"그러므로 보살은 이와 같이 생각하느니라. '나는 열

4) 成功的三部曲是：隨順因緣, 把握因緣, 創造因緣.

가지의 나쁜 길을 마땅히 멀리 여의고, 열 가지의 선한 길로 법의 동산을 삼아 즐겁고 편안히 있으면서, 나도 그 속에 머무르고 또한 다른 이도 거기에 머물도록 권하리라.' 라고 하느니라."

다시 정리하면 보살은 사람 사람의 진여본성에는 본래로 열 가지 나쁜 업인 살생殺生·투도偸盜·사음邪淫·망어妄語·양설兩舌·악구惡口·기어綺語·탐욕貪欲·진에瞋恚·사견邪見이 없다는 사실을 알고 있다. 그러고는 본래의 성품대로 열 가지 선한 업인 불살생不殺生·불투도不偸盜·불사음不邪淫·불망어不妄語·불양설不兩舌·불악구不惡口·불기어不綺語·불탐욕不貪欲·불진에不瞋恚·불사견不邪見을 행하는 것이다. 그뿐만 아니라 진여자성의 참사람과 참마음과 참나 안에는 육바라밀과 사섭법과 사무량심과 인의예지까지 하나도 빠짐없이 갖춰져 있음을 알고 믿고 실천한다. 이것이 보살이고 불자다. 그래서 스스로 그곳에 머물면서 다른 사람에게도 그곳에 머물기를 권선하는 것이다. 이것이 보살의 원과 행이다.

3〉 보살이 중생을 교화하는 열 가지의 마음

불자　차보살마하살　부어일체중생　생이
佛子야 **此菩薩摩訶薩**이 **復於一切衆生**에 **生利**

익심　안락심　자심　비심　연민심　섭수심
益心과 **安樂心**과 **慈心**과 **悲心**과 **憐愍心**과 **攝受心**과

수호심　자기심　사심　대사심
守護心과 **自己心**과 **師心**과 **大師心**하니라

"불자여, 이 보살마하살이 다시 또 일체 중생에게 이익하게 하는 마음과, 안락하게 하는 마음과, 인자한 마음과, 가엾이 여기는 마음과, 딱하게 여기는 마음과, 거두어 주는 마음과, 수호하는 마음과, 자기와 같다는 마음과, 스승이라는 마음과, 큰 스승이라는 마음을 내느니라."

보살은 열 가지 나쁜 업을 짓지 않는 동시에 열 가지 선한 업을 지으며 다른 사람에게도 그렇게 수행하기를 권선한다. 그것은 보살이 중생들에게 위와 같은 열 가지 아주 훌륭하고 뛰어난 마음을 내는 데서부터 시작한다.

4〉 갖가지 중생들을 교화하다

작시념언　　중생　가민　　타어사견　악혜
作是念言호대 **衆生**이 **可愍**이라 **墮於邪見**과 **惡慧**

악욕　악도조림　　　아응영피　주어정견
惡欲과 **惡道稠林**하나니 **我應令彼**로 **住於正見**하야

행진실도
行眞實道하며

"또 생각하기를 '중생이 가련하여 삿된 소견과 나쁜 꾀와 나쁜 욕망과 나쁜 도道의 숲에 떨어졌도다. 내가 그들로 하여금 바른 소견에 머물러서 진실한 도를 행하게 하리라.' 라고 하느니라."

불교를 공부하거나 인생을 영위하는 데 있어서 가장 중요한 것은 정견正見과 사견邪見의 문제이다. 만약 사견邪見에 떨어지면 나쁜 줄도 모르면서 나쁜 꾀와 나쁜 욕망과 나쁜 도道의 숲에 들어가서 빠져나올 줄을 모른다. 설사 모든 것이 부족하더라도 올바른 견해만 지니고 있다면 선량한 길을 가는 데는 어려움이 없다. 마치 다리가 온전하지 못하더라도 갈 길을 정확하게 알고 있다면 도착하는 것은 시간 문제

인 것과 같다. 그러나 눈이 어두운 사람이라면 다리가 설사 튼튼하더라도 바른 길을 가는 것을 기약할 수 없다. 그래서 보살은 중생들로 하여금 바른 견해에 머물고 진실한 도를 행하도록 하고자 하는 것이다.

우작시념　일체중생　분별피아　호상
又作是念호대 **一切衆生**이 **分別彼我**하야 **互相**

파괴　투쟁진한　치연불식　아당영피
破壞하며 **鬪諍瞋恨**하야 **熾然不息**하나니 **我當令彼**로

주어무상대자지중
住於無上大慈之中하며

"또 생각하기를 '일체 중생이 남과 나를 분별하여 서로서로 파괴하고 다투고 미워함이 치성하여 쉬지 아니하니, 내가 마땅히 그들로 하여금 위없이 크게 인자한 가운데 머물게 하리라.' 라고 하느니라."

세상 사람들은 언제나 남과 나를 분별하고 나누어서 서로가 서로를 해치고 파괴한다. 그래서 투쟁이 일어나고 분

노하고 원한을 품어 원수가 된다. 남을 배려하고 생각하는 마음이 전혀 없다. 자비심은 더욱 없다. 모든 사람을 부처님으로 받들어 섬기는 마음은 도저히 생각할 수 없다. 그래서 보살은 모든 사람들로 하여금 큰 자비심에 머물러 화목하고 평화롭게 살도록 하고자 하는 것이다.

우작시념 일체중생 탐취무염 유구
又作是念호대 **一切衆生**이 **貪取無厭**이라 **唯求**
재리 사명자활 아당영피 주어청정신
財利하야 **邪命自活**하나니 **我當令彼**로 **住於淸淨身**
어의업정명법중
語意業正命法中하며

"또 생각하기를 '일체 중생이 탐착하는 데 만족할 줄 모르고, 오직 재물만을 구하며 잘못되게 살아가려[邪命自活] 하니, 내가 마땅히 그들로 하여금 몸과 말과 뜻으로 짓는 일이 청정하여 옳게 살아가는 법[正命法] 가운데 머물게 하리라.' 라고 하느니라."

사람이 생명을 유지하는 데는 재물이 있어야 한다. 그렇다고 해서 재물을 구하려고 남의 것을 빼앗는다든지 도둑질을 한다든지 사기와 협잡을 한다면 그것은 잘못되게 살아가는 일이다. 사람으로서 몸과 말과 뜻으로 짓는 일이 청정하여 옳게 살아가는 사람들이 얼마나 될까. 불교에서는 입만 열면 정직하고 선량하게 살아가라고 가르치건만 그 좋은 가르침이 마치 계란으로 바위를 치는 격이다. 참으로 안타깝고 답답한 일이다.

우작시념 일체중생 상수삼독 종종번
又作是念호대 **一切衆生**이 **常隨三毒**하야 **種種煩**
뇌 인지치연 불해지구출요방편 아당
惱가 **因之熾然**호대 **不解志求出要方便**하나니 **我當**
영피 제멸일체번뇌대화 안치청량열반지
令彼로 **除滅一切煩惱大火**하야 **安置清涼涅槃之**
처
處하며

"또 생각하기를 '일체 중생이 항상 세 가지 독한 것

[三毒]만 따르므로 여러 가지 번뇌가 그로 인해 치성하고 벗어날 방편을 구할 줄을 알지 못하느니라. 내가 마땅히 그들로 하여금 일체 번뇌의 큰 불을 끄고 청량한 열반의 자리에 있게 하리라.' 라고 하느니라."

불교에서 이르기를 팔만사천 번뇌라고 한다. 줄여서 108 번뇌라고도 한다. 또 10전纏, 5둔사鈍使, 5리사利使 등 무겁고 가벼운 것에 따라 이름이 여러 가지다. 그중에서도 삼독 번뇌를 가장 독한 번뇌라고 하여 특별히 일컫는다. 어떤 중생이라도 이 삼독 번뇌가 없는 사람은 없다. 일체 번뇌의 근본이 되기 때문이다. 번뇌는 마치 불길과도 같아서 보살은 중생들을 번뇌가 다 사라진 시원한 열반의 경지에 두려 한다.

우작시념 일체중생 위우치중암 망견
又作是念호대 **一切衆生**이 **爲愚癡重闇**과 **妄見**

후막지소부고 입음예조림 실지혜광명
厚膜之所覆故로 **入陰翳稠林**하야 **失智慧光明**하고

행광야험도 기제악견 아당영피 득무
行曠野險道하야 起諸惡見하나니 我當令彼로 得無

장애청정지안 지일체법여실상 불수타
障礙淸淨智眼하야 知一切法如實相하야 不隨他

교
教하며

"또 생각하기를 '일체 중생이 어리석어 깜깜하고 망령된 소견에 덮이어, 답답하게 막힌 숲 속에 들어가서 지혜의 광명을 잃고, 넓은 벌판의 험한 길에서 여러 가지 나쁜 소견을 일으키느니라. 내가 마땅히 그들로 하여금 장애가 없이 청정한 지혜의 눈을 얻어 일체 법의 실상을 알고 다른 이의 가르침을 따르지 않게 하리라.' 라고 하느니라."

어리석으면 어둡고 어두우며 망령된 소견에 뒤덮이게 된다. 소견이 잘못된 모습을 빽빽한 숲과 같다고 표현하였는데 숲이 빽빽하면 숲 속에 사람이 들어갈 수 없다. 곧 소견이 좁아서 다른 사람의 견해를 절대 용납하지 못한다는 뜻이다. 그렇게 되면 당연히 지혜 광명이 있을 수 없다. 인생의 넓은 들판 험한 길에서 온갖 나쁜 견해를 일으킨다. 대승적 견해가 투철한 보살이 볼 때 얼마나 답답하겠는가. 그래서 보살은 장애가 없이 청정한 지혜의 눈을 얻어 일체 법의 실상을 알고 다른 이의 가르침을 따르지 않게 교화한다.

우작시념 일체중생 재어생사험도지중
又作是念호대 **一切衆生**이 **在於生死險道之中**

장타지옥축생아귀 입악견망중 위우
하야 **將墮地獄畜生餓鬼**하며 **入惡見網中**하야 **爲愚**

치조림 소미 수축사도 행전도행
癡稠林의 **所迷**하며 **隨逐邪道**하야 **行顚倒行**이니라

"또 생각하기를 '일체 중생이 나고 죽는 험한 길에 있으면서 장차 지옥 축생 아귀에 떨어지거나 나쁜 소견의 그물에 들어가서 어리석음의 숲 속에서 길을 잃고 삿된 길을 따라가며 뒤바뀐 행을 행하느니라.'"

비여맹인 무유도사 비출요도 위위출
譬如盲人이 **無有導師**하야 **非出要道**를 **謂爲出**

요 입마경계 악적소섭 수순마심
要라하야 入魔境界하며 惡賊所攝하야 隨順魔心하고

원리불의 아당발출여시험난 영주무외
遠離佛意하나니 我當拔出如是險難하야 令住無畏

일체지성
一切智城하며

"'비유하면 마치 눈먼 사람이 인도하는 사람도 없이 빠져나갈 길이 아닌데도 나갈 길인 줄만 알고 마군의 경계에 들어가 악한 도둑에게 붙들리듯이 마군의 마음을 따르고 부처님의 뜻과는 멀어지느니라. 내가 마땅히 이와 같은 험난한 곳에서 구제해서 두려움이 없는 일체 지혜의 성城에 머물게 하리라.' 라고 하느니라."

일체 중생이 생사의 험한 길에서 삼악도를 헤매면서 나쁜 소견으로 어리석음의 숲 속에서 바른 길을 잃고 삿된 길을 따라 전도된 행을 한다. 참으로 세상은 온갖 삿되고 거짓된 주의 주장이 난무하는 시대다. 그러면서 스스로 진리의 길이라고 한다. 거기에 다소의 무리들을 이끌고 있어서 그야말로 동타지옥同墮地獄하는 격이다. 마치 맹인이 맹인의 무리를 이끌고 불구덩이로 함께 들어가는 것과 같다. 그래서 보살이 그들을 험난한 길에서 건져 내어 두려움이 없는 일체 지혜의 성城에 편안히 머물게 하려고 한다.

우작시념　일체중생　위대폭수파랑　소
又作是念호대 一切衆生이 爲大瀑水波浪의 所

몰　입욕류유류무명류견류　생사회복
沒하야 入欲流有流無明流見流하야 生死洄澓하며

애하표전　단치분격　불가관찰
愛河漂轉하며 湍馳奔激하야 不暇觀察하며

"또 생각하기를 '일체 중생이 큰 폭류瀑流의 물결에 휩쓸려서 욕欲의 폭류와 유有의 폭류와 무명의 폭류와 소견의 폭류에 들어가 생사에서 소용돌이치고 애욕의 물에 떠다니면서 빠르게 솟구치고 심하게 부딪치느라고 살펴볼 겨를이 없느니라.'"

일체 중생들의 번뇌의 활동이 거칠고 센 것이 마치 홍수가 나서 난폭하게 흐르는 물결과 같다고 하여 번뇌의 다른 이름으로 '폭류瀑流'라고 한다. 거기에는 네 가지가 있다. 욕폭류欲瀑流는 욕계에서 일으키는 번뇌이다. 중생은 이것 때문에 생사의 세계에서 쳇바퀴 돌듯 하며 살아간다. 유폭류有瀑流는 색계와 무색계의 번뇌이다. 무명폭류無明瀑流는 삼계의 사제四諦와 수도修道에서 일어나는 우치愚癡의 번뇌이다. 견폭류見瀑流는 삼계의 견혹見惑 중에 사제마다 각각 그 아래에서 일어나는 신견身見과 변견邊見 등의 그릇된 견해이다. 중생들은 이러한 폭류에 들어가 생사에서 소용돌이치고 애욕의 물에 떠다니면서 빠르게 솟구치고 심하게 부딪치느라고 올바른 길을 살펴볼 겨를이 없다.

위욕각에각해각 수축불사 신견나찰
爲欲覺恚覺害覺을 **隨逐不捨**하며 **身見羅刹**이

어중집취 장기영입애욕조림 어소탐애
於中執取하며 **將其永入愛欲稠林**하며 **於所貪愛**에

심생염착 주아만원부 안육처취락 무
深生染着하며 **住我慢原阜**하며 **安六處聚落**하며 **無**

선구자 무능도자
善救者하며 無能度者하나니

"'탐내는 생각과 성내는 생각과 해치려는 생각을 따라서 버리지 못하는데, 나의 몸이라고 고집하는 나찰[身見羅刹]에게 붙들려서 영원히 애욕의 숲 속으로 끌려 들어가 탐욕과 애정에 집착을 깊이 내고, 나[我]라는 교만의 언덕에 머물며, 육처六處라는 동리에 있게 되어 구원할 이도 없고 제도할 이도 없느니라.'"

보살의 지혜로 중생들을 볼 때 위에서 말한 네 가지 폭류와 다시 세 가지 악하고 모진 생각이 있어서 중생들의 삶을 처참하게 만든다. 주로 선정을 방해한다고 한다. 욕각欲覺과 에각恚覺과 해각害覺이다. 이러한 탐내는 생각과 성내는 생각과 해치려는 생각을 따라서 버리지 못하고, 나의 몸이라고 고집하는 나찰귀신에게 붙들려 다닌다.

아당어피 기대비심 이제선근 이위구
我當於彼에 起大悲心하야 以諸善根으로 而爲救

제　영무재환　이염적정　주어일체지혜
濟하야 令無災患하고 離染寂靜하야 住於一切智慧

보주
寶洲하며

"'내가 마땅히 그들에게 큰 자비심을 일으키고 여러 선근으로 구제하여 환난이 없게 하고, 물든 것을 떠나서 고요하게 일체 지혜의 보배 섬에 머물게 하리라.'라고 하느니라."

그러므로 보살들은 마땅히 그들에게 큰 자비심을 일으키고 여러 선근으로 구제하여 환난이 없게 하고, 물든 것을 떠나서 고요하게 일체 지혜의 보배 섬에 머물게 한다. 이것이 보살의 마음이며 해야 할 일이다.

우작시념　일체중생　처세뇌옥　다제고
又作是念호대 一切衆生이 處世牢獄하야 多諸苦

뇌　상회애증　자생우포　탐욕중계지소
惱하며 常懷愛憎하며 自生憂怖하며 貪欲重械之所

계박 무명조림 이위부장 어삼계내
繫縛이며 無明稠林으로 以爲覆障하야 於三界內에

막능자출 아당영피 영리삼유 주무장
莫能自出하나니 我當令彼로 永離三有하야 住無障

애대열반중
礙大涅槃中하며

"또 생각하기를 '일체 중생이 세상의 감옥 속에 있으면서 온갖 고통이 많고, 항상 사랑하고 미워하는 생각을 품어 스스로 두려워하며, 탐욕이라는 무거운 형틀에 얽매이고 무명의 숲 속에 가려졌으므로 삼계에서 벗어나지 못하느니라. 내가 마땅히 그들로 하여금 길이 삼유三有를 여의고 장애가 없는 대열반에 머물게 하리라.' 라고 하느니라."

일체 중생이 세상이라는 감옥 속에 갇혀서 살아가는 내용을 대략 밝혔다. 사랑하고 미워하고 또 탐욕이라는 무거운 형틀에 얽매였다고 하였다. 거기다가 번뇌무명의 빽빽한 숲에 덮여서 욕계와 색계와 무색계에서 벗어나지 못하고 있다. 삼유三有란, 유有는 존재한다는 뜻으로 욕유欲有와 색유

色有와 무색유無色有로서 삼계三界와 같은 뜻으로 쓰기도 하고, 또 생유生有, 즉 처음 태어나는 일찰나와 본유本有, 나서부터 죽을 때까지의 존재와 사유死有, 즉 죽는 일찰나까지를 뜻하기도 한다. 보살은 중생들로 하여금 길이 삼유三有를 여의고 장애가 없는 대열반에 머물게 하는 것을 생각한다.

우작시념 일체중생 집착어아 어제온
又作是念호대 一切衆生이 執着於我하야 於諸蘊

굴택 불구출리 의육처공취 기사전도행
窟宅에 不求出離하며 依六處空聚하며 起四顚倒行

위사대독사지소침뇌 오온원적지소살해
하며 爲四大毒蛇之所侵惱와 五蘊冤賊之所殺害

수무량고 아당영피 주어최승무소착
하야 受無量苦하나니 我當令彼로 住於最勝無所着

처 소위멸일체장애 증무상열반
處호리니 所謂滅一切障礙하고 證無上涅槃이며

"또 생각하기를 '일체 중생이 나[我]라는 데 집착하여 오온五蘊의 굴택窟宅 속에서 벗어나지 못하고, 육처六處

라는 텅 빈 동리를 의지하여 네 가지 뒤바뀐 행을 일으키며, 네 마리 독사에게 시달리고 오온이란 원수에게 살해를 당하면서 한량없는 고통을 받느니라. 내가 마땅히 그들로 하여금 가장 수승하고 집착이 없는 곳에 머물게 하리니, 소위 일체 장애가 없어진 가장 높은 열반이니라.' 라고 하느니라."

일체 중생이 '나'에 대하여 집착하는 여러 가지 현상을 밝혔다. 일체 중생은 오온을 '나'의 집이라고 생각하여 떠날 줄을 모른다. 또 여섯 가지 경계[處]인 물질과 소리와 향기와 맛과 감촉과 법이라는 허망하고 무상한 텅 빈 동리를 의지하여 산다. 또 무상을 항상하다고 하고, 고통을 즐겁다고 하고, 무아를 '나'라 하고, 부정한 것을 청정하다고 한다. 이것이 네 가지 전도된 행[四顚倒行]이다. 또 육신은 지수화풍의 네 가지 독사[四大毒蛇]에게 침해를 입고 산다. 그래서 결국에는 오온의 원수에게 살해를 당하면서 한량없는 고통을 받고 살아간다. 이것이 중생의 현실이다. 그래서 보살은 오온의 나에게 집착하지 않게 하여 일체 장애가 없는 무상의 열반을 증득하게 한다.

우작시념 일체중생 기심협렬 불행
又作是念호대 一切衆生이 其心狹劣하야 不行

최상일체지도 수욕출리 단락성문벽지불
最上一切智道하며 雖欲出離나 但樂聲聞辟支佛

승 아당영주광대불법 광대지혜 불
乘하나니 我當令住廣大佛法과 廣大智慧케호리라 佛

자 보살 여시호지어계 선능증장자비지
子야 菩薩이 如是護持於戒하야 善能增長慈悲之

심
心이니라

"또 생각하기를 '일체 중생이 마음이 비좁고 용렬하여 가장 높은 일체 지혜의 도를 행하지 못하므로 비록 벗어나려 하면서도 성문승과 벽지불승만 좋아하느니라. 내가 마땅히 광대한 부처님의 법과 광대한 지혜에 머물게 하리라.' 라고 하느니라. 불자여, 보살이 이와 같은 계율을 보호하여 지니며 자비한 마음을 잘 증장케 하느니라."

불교의 궁극적 경지는 부처가 된 뒤에 다시 보살로 돌아가서 일체 중생에게 보살행을 실천하는 일이다. 앞에서 일체 중생의 현상을 낱낱이 밝혔는데 다시 요약하면 일체 중생의 마음은 비좁고 용렬하여 가장 높은 일체 지혜의 도를 행하지 못하므로 비록 벗어나려 하면서도 소승인 성문승과 벽지불승만 좋아한다. 즉 대승보살의 행을 알지 못한다. 광대한 불법과 광대한 지혜란 곧 보살의 법을 실천하는 일이다. 십지 중에 제2 이구지 보살의 법은 지계바라밀을 철저히 실천하는 것으로서 보살의 자비한 마음을 더욱 증장시키는 것이다. 즉 육바라밀과 십바라밀과 사섭법과 사무량심과 십선과 인의예지를 부지런히 행하는 것이다.

5) 이구지에 머문 공과功果를 밝히다

(1) 조화롭고 유연한 공과[調柔果]

1〉 법法을 밝히다

불자 보살 주차이구지 이원력고 득견
佛子야 **菩薩**이 **住此離垢地**에 **以願力故**로 **得見**

다불 소위견다백불 다천불 다백천불
多佛호대 **所謂見多百佛**과 **多千佛**과 **多百千佛**과

다억불 다백억불 다천억불 다백천억불
多億佛과 **多百億佛**과 **多千億佛**과 **多百千億佛**하며

여시내지견다백천억나유타불
如是乃至見多百千億那由他佛하야

"불자여, 보살이 이 이구지에 머물고는 서원하는 힘으로 많은 부처님을 보게 되느니라. 이른바 여러 백 부처님과 여러 천 부처님과 여러 백천 부처님과 여러 억 부처님과 여러 백억 부처님과 여러 천억 부처님과 여러 백천억 부처님을 보며, 이와 같이 내지 여러 백천억 나유타 부처님을 보느니라."

보살수행의 52위에는 반드시 그 공과가 따른다. 이구지에 머문 공과功果를 밝히는데 먼저 조화롭고 유연한 공과[調柔果]의 법을 밝혔다. 이구지에서는 서원의 힘으로 무수한 부처님을 친견하게 되는데 모든 사람과 일체 생명을 부처님으로 보는 안목이 얼마나 견고하고 광대한가를 밝힌다. 모든 사람과 일체 생명을 부처님으로 생각하지 않는다면 어디에 달리 백천억 나유타 부처님이 있겠는가.

어제불소 이광대심 심심 공경존중
於諸佛所에 以廣大心과 深心으로 恭敬尊重하고

승사공양 의복음식 와구의약 일체자생
承事供養하야 衣服飮食과 臥具醫藥과 一切資生을

실이봉시
悉以奉施하며

"모든 부처님 계신 데서 광대한 마음과 깊은 마음으로 공경하고 존중하고 받들어 섬기고 공양하며, 의복과 음식과 와구臥具와 의약과 모든 생활용품으로써 빠짐없이 보시하느니라."

사람을 부처님으로 보고는 곳을 따라 광대하고 깊은 마음으로 공경하고 존중하고 일체 공양거리로써 공양하고 찬탄하며 받들어 섬긴다.

역이공양일체중승 이차선근 회향아
亦以供養一切衆僧하야 以此善根으로 廻向阿

뇩다라삼먁삼보리 어제불소 이존중심
耨多羅三藐三菩提하며 於諸佛所에 以尊重心으로

부갱수행십선도법 수기소수 내지보리
復更受行十善道法하며 隨其所受하야 乃至菩提를

종불망실
終不忘失이니라

"또한 모든 스님들께도 공양하나니, 이 선근으로 아뇩다라삼먁삼보리에 회향하느니라. 모든 부처님 계신 데서 존중하는 마음으로 다시 십선도법十善道法을 받아 행하며, 그 받은 것을 따르고 내지 보리를 마침내 잊지 아니하느니라."

모든 사람을 부처님으로 받들어 섬기고 다시 이와 같은 진리의 가르침을 따르는 수행자에게 공양하여 이 모든 선근으로 바른 깨달음에 회향한다. 세상을 온통 부처님이 계시는 세상이라 여겨서 실천궁행해야 할 일은 이구지에서는 살생하지 아니하고 도둑질하지 아니하고 사음하지 아니하는 등의 열 가지 선한 법을 받아 행하는 것이다. 그러고는 끝내 보리를 잃어버리지 않는 것이다.

시보살 어무량백천억나유타겁 원리간
是菩薩이 於無量百千億那由他劫에 遠離慳

질파계구고 보시지계 청정만족
嫉破戒垢故로 布施持戒가 淸淨滿足이니라

"이 보살이 한량없는 백천억 나유타 겁劫 동안에 아끼고 미워하고 파계한 허물을 멀리 여의었으므로 보시하고 계행戒行을 가지는 일이 청정하고 만족하니라."

이구지에 머문 보살이 한량없는 백천억 나유타 겁 동안에 아끼고 미워하고 파계한 허물을 멀리 여의었으므로 보시하고 계행을 가지는 일이 청정하고 만족하게 된다.

2) 법을 비유하다

비여진금 치반석중 여법연이 이일체
譬如眞金을 置礬石中하야 如法鍊已에 離一切

구 전부명정
垢하고 轉復明淨인달하니라

"비유하자면 마치 진금眞金을 명반석[礬石] 가운데에

넣고 법과 같이 연단하면 모든 쇠똥이 없어지고 점점 더 밝고 깨끗해지는 것과 같으니라."

보살의 수행을 비유하자면 광산의 금을 명반석 가운데에 넣고 법과 같이 연단하면 모든 쇠똥이 없어지고 점점 더 밝고 깨끗해지는 것과 같다.

3〉 법과 비유를 합하여 밝히다

보살 주차이구지 역부여시 어무량백
菩薩이 住此離垢地도 亦復如是하야 於無量百

천억나유타겁 원리간질파계구고 보시지계
千億那由他劫에 遠離慳嫉破戒垢故로 布施持戒

청정만족
가 淸淨滿足이니라

"보살이 이 이구지離垢地에 머무는 것도 또한 이와 같아서, 한량없는 백천억 나유타 겁 동안에 아끼고 미워하고 파계한 허물을 멀리 여의었으므로 보시와 계행을 가지는 일이 청정하고 만족하니라."

자신의 재물을 아끼고 남이 가진 것에 대해 질투하는 것은 보시의 마음이 없기 때문이다. 또 파계를 하는 것은 지계를 청정하게 하지 않기 때문이다. 그것은 마치 금을 단련할 때 생기는 쇠똥과 같은 것이다.

불자 차보살 사섭법중 애어편다 십바
佛子야 **此菩薩**이 **四攝法中**엔 **愛語偏多**요 **十波**
라밀중 지계편다 여비불행 단수력수분
羅蜜中엔 **持戒偏多**니 **餘非不行**이로대 **但隨力隨分**
불자 시명약설보살마하살 제이이구지
이니라 **佛子**야 **是名略說菩薩摩訶薩**의 **第二離垢地**
니라

"불자여, 이 보살이 네 가지로 거두어 주는 법[四攝法] 중에서는 사랑스러운 말이 치우쳐 많고, 십바라밀다 중에서는 지계持戒바라밀다가 치우쳐 많으니라. 다른 것을 행하지 않는 것은 아니지마는 힘을 따르고 분수를 따를 뿐이니라. 불자여, 이것을 이름하여 보살마하살의 제2 이구지를 간략히 말한다 하느니라."

이구지 보살에게는 보시와 애어와 이행과 동사 중에 애어가 특히 많다. 또 십바라밀 중에는 지계바라밀이 특별히 잘 닦여 있다. 이것이 제2 이구지의 특색이다.

(2) 과보를 거두는 공과[攝報果]

1〉 재가在家의 공과를 말하다

보 살　주 차 지　다 작 전 륜 성 왕　위 대 법 주
菩薩이 住此地에 多作轉輪聖王하야 爲大法主

구 족 칠 보　유 자 재 력　능 제 일 체 중 생　간
하야 具足七寶하고 有自在力하야 能除一切衆生의 慳

탐 파 계 구　이 선 방 편　영 기 안 주 십 선 도 중
貪破戒垢하고 以善方便으로 令其安住十善道中하며

"보살이 이 이구지에 머물러서는 흔히 전륜성왕轉輪聖王이 되고 큰 법주[大法主]가 되어 칠보가 구족하고 자재한 힘이 있어 능히 일체 중생의 아끼고 탐하고 파계한 허물을 말끔히 없애고, 좋은 방편으로써 그들을 십선도十善道에 머물게 하느니라."

제2 이구지에 오른 보살에게는 어떤 결과가 있는가. 만약 재가자라면 천하를 다스리는 전륜성왕이 되어 큰 법주法主 노릇을 할 것이다. 칠보가 구족하고 자재한 힘이 있어서 백성들로 하여금 아끼고 탐욕하고 파계를 하지 못하게 할 것이다. 또 훌륭한 방편으로 백성들로 하여금 모두 불살생과 불투도와 불사음과 불망어 등의 십선도를 실천하게 할 것이다. 즉 모두 정직하고 선량하여 속이는 일이 없게 할 것이며 사기와 협잡은 일절 없게 할 것이다.

위대시주 주급무진 보시애어이행동
爲大施主하야 周給無盡하며 布施愛語利行同
사 여시일체제소작업 개불리염불 불리
事의 如是一切諸所作業이 皆不離念佛하고 不離
염법 불리염승 내지불리염구족일체종
念法하고 不離念僧하며 乃至不離念具足一切種과
일체지지
一切智智니라

"큰 시주가 되어 널리 주는 일이 끝나지 아니하며,

보시하고 좋은 말을 하고 이익케 하고 일을 같이 하는 이와 같이 모든 하는 일이 다 부처님을 생각함을 떠나지 아니하고 법을 생각함을 떠나지 아니하고 스님들을 생각함을 떠나지 아니하며, 내지 일체 지혜와 일체 지혜의 지혜를 구족하려는 생각을 떠나지 아니하느니라."

예컨대 양나라 무제 임금은 임금으로서 불교에 대한 신심이 하도 뛰어나서 불심천자佛心天子라는 말을 들었다. 궁궐 안에서 가사를 입고 경전을 강의하였으며 불교에 대한 저서도 많이 남겼다. 또 사찰과 탑을 많이 건립했으며 사찰에 시주도 많이 하여 수많은 스님들이 수행하는 데 불편함이 없도록 도와주었다고 한다. 양 무제는 아마도 십지 중에 어떤 지위에 오른 분이 틀림없을 것이다.

우작시념　　아당어일체중생중　위수　위
又作是念호대 **我當於一切衆生中**에 **爲首**며 **爲**
승　　위수승　　위묘　위미묘　위상　　위무상
勝이며 **爲殊勝**이며 **爲妙**며 **爲微妙**며 **爲上**이며 **爲無上**

내지위일체지지의지자
이며 乃至爲一切智智依止者라하나니라

"또 생각하기를 '내가 마땅히 일체 중생들 가운데 머리가 되고, 나은 이가 되고, 썩 나은 이가 되고, 묘하고, 미묘하고, 위가 되고, 위없는 이가 되고, 내지 일체 지혜의 지혜에 의지함이 되리라.' 라고 하느니라."

제2 이구지에 오른 보살로서 만약 세속에 있다면 어떤 분야든지 아주 훌륭하고 뛰어나며 수승한 사람이 될 것이다. 그렇다면 차라리 출가한 사람보다 중생들을 교화하기가 편리하고 쉬울 것이다.

2〉 출가出家의 공과를 말하다

시보살 약욕사가 어불법중 근행정진
是菩薩이 若欲捨家하고 於佛法中에 勤行精進

변능사가처자오욕 기출가이 근행정진
인댄 便能捨家妻子五欲하고 旣出家已에 勤行精進

어일념경 득천삼매 득견천불 지천
하야 於一念頃에 得千三昧하며 得見千佛하며 知千

불신력 능동천세계 내지능시현천신
佛神力하야 能動千世界하며 乃至能示現千身하고

어일일신 능시현천보살 이위권속
於一一身에 能示現千菩薩로 以爲眷屬이니라

"이 보살이 만약 집을 버리고 불법 가운데서 부지런히 정진하게 되면 문득 집과 처자와 다섯 가지 욕락을 버리며, 이미 출가하고는 부지런히 정진하여 잠깐 사이에 천 삼매를 얻고, 천 부처님을 친견하고, 천 부처님의 신통을 알고, 천 세계를 진동하며, 내지 천 가지의 몸을 나타내고, 낱낱 몸마다 천 보살을 나타내어 권속을 삼느니라."

제2 이구지 보살이 만약 출가한 사람이라면 집과 처자와 오욕락을 버리고 얼마 지나지 아니하여 천 삼매를 얻고, 천 부처님을 친견하고, 천 부처님의 신통을 알고, 천 세계를 진동하며, 내지 천 가지의 몸을 나타내고, 낱낱 몸마다 천 보살을 나타내는 덕화를 보이리라.

(3) 원력과 지혜의 공과[願智果]

약이보살수승원력 자재시현 과어시수
若以菩薩殊勝願力으로 **自在示現**인댄 **過於是數**

백겁천겁 내지백천억나유타겁 불능수지
하야 **百劫千劫**과 **乃至百千億那由他劫**에도 **不能數知**
니라

"만일 보살의 수승한 원력으로 자재하게 나타내게 되면 이보다 훨씬 더 많아서 백겁 천겁과 내지 백천억 나유타 겁에도 능히 세어서 알 수 없느니라."

제2 이구지 보살의 원력과 지혜의 공과인 보살의 수승한 원력으로 자재하게 나타내는 것을 설한다면 오래고 오랜 겁 동안에도 다 세어서 알 수 없을 것이다.

6) 게송으로 그 뜻을 거듭 설하다

(1) 이구지에 들어가는 열 가지 마음

이시 금강장보살 욕중선기의 이설송
爾時에 **金剛藏菩薩**이 **欲重宣其義**하사 **而說頌**

왈
曰

그때에 금강장보살이 그 뜻을 다시 펴려고 게송으로 말하였습니다.

질 직 유 연 급 감 능　　조 복 적 정 여 순 선
質直柔軟及堪能과　　**調伏寂靜與純善**과

속 출 생 사 광 대 의　　이 차 십 심 입 이 지
速出生死廣大意여　　**以此十心入二地**로다

정직하고 부드럽고 참을성 있고
조복하고 고요하고 순일한 마음과
생사를 뛰어나는 넓고 큰 마음이여
열 가지 마음으로 이구지에 들도다.

장문長文에서는 열 가지 마음을 정직한 마음과 부드러운 마음과 참을성 있는 마음과 조복하는 마음과 고요한 마음과 순일하게 선善한 마음과 잡란하지 않은 마음과 그리움이 없는 마음과 넓은 마음과 큰 마음이라고 밝혔다. 게송에서는 생략도 있고 부연도 있다.

(2) 섭율의계攝律儀戒

주 차 성 취 계 공 덕　　원 리 살 생 불 뇌 해
住此成就戒功德하야　遠離殺生不惱害하며

역 리 투 도 급 사 음　　망 악 괴 리 무 의 어
亦離偸盜及邪淫과　妄惡乖離無義語로다

이구지에 머물러 계행 공덕 성취하여
살생과 해치는 일 멀리 여의고
도둑질과 사음과 망어와 악구와
이간질과 뜻 없는 말을 또한 떠나리.

이구지에서 열 가지 훌륭한 마음으로 계율을 잘 지켜 그 공덕을 성취한다. 살생하지 않으며, 남을 해롭게 하지 않으며, 훔치지 않으며, 사음하지 않으며, 망어와 악구와 뜻 없는 말을 하지 않는다.

불탐재물상자민　　　정도직심무첨위
不貪財物常慈愍하며　正道直心無諂僞하며

이험사만극조유　　　의교이행불방일
離險捨慢極調柔하야　依教而行不放逸이로다

재물을 탐하지 않고 늘 자비로우며
바른 도와 곧은 마음 아첨이 없고
간악함과 교만 떠나 조화롭고 부드러우면
교법教法대로 수행하고 방일하지 않으리.

또 남의 재물을 탐하지 않으며, 불쌍한 사람을 항상 사랑하며, 순리와 정도와 정직한 마음으로 남을 속이지 않는다. 간악함을 떠나고 교만을 떠나며, 지극히 조화롭고 부드러우며, 교법과 같이 수행하고 결코 방일하지 않는다. 이것이 모두 계율에 포섭되는 계다.

(3) 섭선법계攝善法戒

지옥축생수중고　　　아귀소연출맹염
地獄畜生受衆苦와　餓鬼燒然出猛焰이

일체개유죄소치 아당이피주실법
一切皆由罪所致니 我當離彼住實法이로다

지옥과 축생에서 온갖 고통을 받고
아귀는 불에 타서 불길이 맹렬하고
온갖 것이 모두 다 죄로 생기니
내가 모두 떠나고 진실한 법에 머물리라.

지옥과 아귀와 축생이라는 삼악도를 헤매는 것은 모두가 악을 짓고 선을 행하지 않기 때문이다. 이것이 선한 법에 포섭되는 계다.

인중수의득수생 내지정천선정락
人中隨意得受生과 乃至頂天禪定樂과

독각성문불승도 개인십선이성취
獨覺聲聞佛乘道가 皆因十善而成就니

여시사유불방일 자지정계교타호
如是思惟不放逸하야 自持淨戒敎他護로다

인간에 마음대로 태어나거나

유정천에 태어나는 선정의 낙과
독각이나 성문이나 부처 되는 길이
모두가 십선十善으로 성취되나니
이런 일 생각하고 방일하지 않으면
스스로도 계행 갖고 남도 권하도다.

또 선한 법을 잘 지키면 인간에 마음대로 태어나기도 하고, 유정천에 태어나서 선정의 낙을 누리기도 한다. 독각이나 성문이나 부처 되는 길이 모두 열 가지 선한 법으로 성취되는 것이다.

(4) 섭중생계攝衆生戒

부 견 군 생 수 중 고　　　전 갱 증 익 대 비 심
復見群生受衆苦하고　**轉更增益大悲心**이로다

또 중생이 고통받는 것을 보고는
점점 더 자비한 마음 증장하도다.

지계가 주된 바라밀인 이구지에 오른 보살은 열 가지 마음을 갖추어 계율을 포섭하는 계와 선한 법을 포섭하는 계와 중생을 포섭하는 계의 삼취정계를 잘 지닌다. 끝으로 중생들이 여러 가지 고통받는 것을 살피고 더욱 더 큰 자비심을 증장한다.

범 우 사 지 부 정 해　　상 회 분 한 다 쟁 송
凡愚邪智不正解하야　**常懷忿恨多諍訟**하며

탐 구 경 계 무 족 기　　아 응 영 피 제 삼 독
貪求境界無足期하니　**我應令彼除三毒**이로다

범부의 삿된 지혜 정견正見이 없어
항상 분노를 품고 싸우고 다투기를 잘해
육진六塵 경계 탐하느라 만족할 기약 없어
내가 응당 저들에게 삼독을 제거하게 하리라.

범부들은 어리석기 때문에 삿된 지혜만 있을 뿐 바른 견해가 없다. 연기의 이치를 잘 아는 정견을 가진 사람이라면 모든 존재와 일체 일에 분노를 품을 일이 있겠는가. 삼독으로 가득 찬 사람들은 모든 경계를 탐하여 싫어할 줄 모른다. 이구지 보살은 그들에게 삼독을 제거하고 이치와 같이 살도록 가르친다.

우 치 대 암 소 전 부 **愚癡大暗所纏覆**로	입 대 험 도 사 견 망 **入大險道邪見網**하며
생 사 농 함 원 소 구 **生死籠檻怨所拘**니	아 응 영 피 최 마 적 **我應令彼摧魔賊**이로다

어리석음의 큰 어둠에 덮인 바 되어
크고 험한 길과 삿된 소견의 그물에 들어가서
생사의 우리 속에 구속됨을 원망하고 있으니
내가 응당 저들에게 원수의 마군을 부수게 하리.

중생들은 대개가 어리석음의 어둠에 덮이어 크고 험한 길을 헤매며 삿된 소견의 그물에 들어가 허덕인다. 보통 사람은 대체로 이 삶에서 벗어난 이가 없다. 보살이 이 사실을 알고 어찌 그냥 있겠는가.

사 류 표 탕 심 몰 닉 삼 계 분 여 고 무 량
四流漂蕩心沒溺하며 三界焚如苦無量하며

계 온 위 택 아 재 중 위 욕 도 피 근 행 도
計蘊爲宅我在中하니 爲欲度彼勤行道로다

네 가지 폭류에 표류하며 마음 잠기고

삼계가 불타는 듯 고통이 한량없어

오온으로 집을 삼아 '나'를 거기에 두니

그들을 제도하려고 부지런히 도를 행하도다.

'네 가지 폭류瀑流에 표류함'은 앞의 장문에서 밝힌 바 있으나 반복하여 공부하는 뜻에서 거듭 설한다. ① 욕欲폭류는 욕계에서 일으키는 번뇌이다. 중생은 이것 때문에 생사의 세계에서 쳇바퀴 돌듯 하며 살아간다. ② 유有폭류는 색계와 무색계의 번뇌이다. ③ 무명無明폭류는 삼계의 사제四諦와 수도修道에서 일어나는 우치愚癡의 번뇌이다. ④ 견見폭류는 삼계의 견혹見惑 중에 사제마다 각각 그 아래에서 일어나는 신견身見과 변견邊見 등의 그릇된 견해이다. 중생들은 이러한 폭류에 들어가 생사에서 소용돌이치고 애욕의 물에 떠다니면서 빠르게 솟구치고 심하게 부딪치느라고 올바른 길을 살펴볼 겨를이 없다.

부처님은 참나를 깨달아 오온의 거짓 나에 집착하지 말 것을 가르쳤다. 그러나 대개의 사람들은 오온의 거짓 나를 나의 전부로 생각하여 집을 삼는다. 중생의 길과 부처님의 길은 여기에서부터 나누어진다. 얼마나 많은 사람들이 중생의 길에서 부처님의 길로 향하고 있는가.

설구출리심하열　　사어최상불지혜
設求出離心下劣하야　捨於最上佛智慧일새

아욕영피주대승　　발근정진무염족
我欲令彼住大乘하야　發勤精進無厭足이로다

설사 벗어나기를 구하여도 마음이 용렬하여
가장 높은 부처님 지혜를 모두 버릴새
내가 그들을 대승의 법에 머물게 하려고
부지런히 정진하여 만족을 모르도다.

보살은 중생들에게 대승의 법을 따르도록 끊임없이 가르치건만 중생들은 마음이 용렬하여 가장 높은 부처님 지혜의 길을 등지고 따르지 않는다. 그러나 보살은 모든 사람에게는 오온에서 벗어난 참사람과 참마음과 참나가 있다는 사실을 굳게 믿어 희망을 잃지 않고 중생 제도에 정진하고 또 정진한다. 석가모니 부처님이 그렇게 살았듯이.

(5) 이구지의 공과功果

보살주차집공덕 견무량불함공양
菩薩住此集功德하야 見無量佛咸供養하고

억겁수치선갱명 여이호약연진금
億劫修治善更明하니 如以好藥鍊眞金이로다

보살이 이 지위에 머물러서 공덕 모으며
한량없는 부처님께 공경 공양하여
억겁 동안 선을 닦아 밝고도 깨끗한 것이
마치 좋은 약[明礬]으로 진금을 단련하듯 하도다.

제2 이구지의 공과를 다시 게송으로 간략히 밝혔다. 진여자성이 지닌 무한한 능력도 수행을 통하여 밖으로 드러나야 활용할 수 있다. 마치 금광의 금도 녹여서 진금으로 만들어야 금의 용도에 맞게 활용할 수 있는 것과 같다. 참마음의 불성을 갈고 닦아서 보살행으로 실현되어야 한다.

불 자 주 차 작 륜 왕 　 보 화 중 생 행 십 선
佛子住此作輪王하야 　 **普化衆生行十善**하고

소 유 선 법 개 수 습 　 위 성 십 력 구 어 세
所有善法皆修習하니 　 **爲成十力救於世**로다

불자가 여기에선 전륜왕 되어
중생을 교화하여 십선 행하며
여러 가지 선한 법을 모두 닦아서
십력을 이루어서 세상 구하도다.

보살이 이구지에 머물고 세상에서 산다면 전륜성왕이 된다. 모든 백성들로 하여금 십선을 열심히 닦아 정직하고 선량하게 살게 할 것이며, 나아가서 모든 백성들로 하여금 다 같이 일체 선한 법을 수행하여 궁극에는 열 가지 힘을 갖춘 부처님이 되게 할 것이다.

욕사왕위급재보 즉기거가의불교
欲捨王位及財寶하야 卽棄居家依佛敎라

용맹정진일념중 획천삼매견천불
勇猛精進一念中에 獲千三昧見千佛이로다

왕위나 재물을 다 버리고
집을 떠나 불법에 귀의하여서
용맹하게 정진하며 잠깐 동안에
일천 삼매 얻고서 천불을 친견하도다.

만약 이구지에 오른 보살이 왕위와 재물을 버리고 출가하여 불교에 귀의한다면 용맹하게 정진하며 잠깐 동안에 일천 삼매 얻고서 천 부처님을 친견하게 될 것이다.

소유종종신통력 차지보살개능현
所有種種神通力을 此地菩薩皆能現이나

원력소작부과차 무량자재도군생
願力所作復過此하야 無量自在度群生이로다

가진 바의 가지가지 신통의 힘을

이 지위에 있는 보살이 능히 나타내며
원력으로 짓는 일이 이것을 지나
한량없이 자재한 힘으로 많은 중생 건지리라.

이구지에 오른 보살은 온갖 신통을 능히 다 나타내 보이지만 더 나아가는 원력은 이미 나타낸 것보다 훨씬 더 많아서 한량없는 중생들을 다 제도할 것이다.

(6) 맺는 말

일체세간이익자 소수보살최승행
一切世間利益者의 所修菩薩最勝行인

여시제이지공덕 위제불자이개연
如是第二地功德을 爲諸佛子已開演이로다

일체 세간을 이익하게 하는 이의
보살들 수행하는 가장 좋은 법이라
이와 같은 제2지地의 모든 공덕을
모든 불자들을 위하여 이미 연설했도다.

십지 중에 제2 이구지에 오른 법문의 내용을 결론 짓는다. 보살은 어느 지위에 머물든지 일체 세간을 이익하게 하는 가장 수승한 행을 행한다. 그중에서 제2지는 지계바라밀을 주된 바라밀로 수행하고 나머지 아홉 바라밀을 보조 바라밀로 수행한다. 그래서 삼취정계를 자세히 설하였으며, 십선과 십불선을 낱낱이 들어 설명하였다. 특히 사람의 진여자성에는 열 가지 선한 법이 본래로 갖춰져 있음을 강조하였다.

3. 제3 발광지發光地를 설하다

1) 제2지 법문을 찬탄하다

불 자 득 문 차 지 행　　보 살 경 계 난 사 의
佛子得聞此地行하니　**菩薩境界難思議**라

미 불 공 경 심 환 희　　산 화 공 중 위 공 양
靡不恭敬心歡喜하야　**散華空中爲供養**이로다

불자들이 이 지위의 행을 들으니
보살의 경계 불가사의함이라
공경하며 기쁜 마음 모두 내어서
공중에 꽃을 뿌려 공양을 삼았도다.

제3 발광지發光地를 설하기 전에 먼저 앞에서 설한 제2 이구지에 대한 찬탄을 게송으로 간략히 설하였다. 보살의 제2 이구지는 불가사의하여 공경한 마음과 기쁜 마음을 참을 수 없다. 그래서 공중에다 꽃을 뿌려서 공양하였다. 예로부터 법문이 환희로우면 하늘에서 꽃비가 내린다고 하였다. 이 게송은 경가經家의 설법이다.

찬 언 선 재 대 산 왕　　　자 심 민 념 제 중 생
讚言善哉大山王이여　**慈心愍念諸衆生**하사

선 설 지 자 율 의 법　　　제 이 지 중 지 행 상
善說智者律儀法인　**第二地中之行相**이로다

"장하여라. 큰 산왕山王이여"라고 찬탄하는 말
자비로써 모든 중생 가엾이 여겨
지혜 있는 이들의 계행과 위의의 법인
제2지의 행상行相을 잘 설하셨도다.

다시 제2 이구지를 설한 것에 대하여 높이 찬탄하였다. 자비한 마음으로 모든 중생을 가엾이 여겨 지혜로운 이의 계행과 위의의 법인 제2지의 행상을 잘 설하셨다고 하였다.

시 제 보 살 미 묘 행　　진 실 무 이 무 차 별
是諸菩薩微妙行이　**眞實無異無差別**하니

위 욕 이 익 제 군 생　　여 시 연 설 최 청 정
爲欲利益諸群生하야　**如是演說最淸淨**이로다

이러한 보살들의 미묘한 행은
진실하고 다르지 않고 차별도 없어
모든 중생을 이익하게 하기 위함이니
이와 같이 가장 청정함을 연설하였도다.

제2 이구지는 모든 보살의 미묘한 행이다. 진실하여 다르지 않고 차별이 없다. 모든 중생을 이익하게 하기 위하여 이와 같이 가장 청정한 법을 연설하게 된 것이다.

2) 제3지 법문을 청하다

일 체 인 천 공 양 자　　원 위 연 설 제 삼 지
一切人天供養者여　**願爲演說第三地**하소서

여법상응제지업　　여기경계희구천
與法相應諸智業을　如其境界希具闡하노이다

일체 천신과 인간의 공양을 받으시는 이여
원컨대 제3지의 법문을 연설하소서.
교법敎法과 상응하는 모든 지혜의 업을
그 경계와 같게 다 보이기를 바라나이다.

제3지 법문을 청하는 게송을 해탈월보살이 설하였다. "일체 천신과 인간의 공양을 받으시는 분, 금강장金剛藏보살이여, 원컨대 제3지의 법문을 연설하소서."라고 하면서 정식으로 금강장보살에게 제3지의 법문을 청하였다.

대선소유시계법　　인욕정진선지혜
大仙所有施戒法과　忍辱精進禪智慧와

급이방편자비도　　불청정행원개설
及以方便慈悲道와　佛淸淨行願皆說하소서

큰 신선이 갖추신 보시와 계율과
인욕과 정진과 선정과 지혜와

방편과 자비하신 도道와

부처님의 청정한 행을 원컨대 다 말씀하소서.

설하실 법의 내용을 구체적으로 열거하였다. 보살은 어디를 가나 육바라밀과 십바라밀과 사섭법과 사무량심이 근본이 된다. 이것이 보살 자비의 도며 부처님의 청정한 행이다.

시 해 탈 월 부 청 언　　무 외 대 사 금 강 장
時解脫月復請言호대　**無畏大士金剛藏**하

원 설 취 입 제 삼 지　　유 화 심 자 제 공 덕
願說趣入第三地하는　**柔和心者諸功德**하소서

그때에 해탈월보살이 다시 청하여 말하기를

"두려움이 없으신 금강장金剛藏보살이여

원컨대 제3지에 들어가는

유화한 마음의 모든 공덕을 연설하소서."

제3지에 들어가는 주된 내용은 유화한 마음의 모든 공덕이다. 이 내용을 금강장보살께서 반드시 설해 주실 것을 해탈월보살이 간곡히 청하였다.

3) 제3 발광지에 들어가는 열 가지 깊은 마음

이시 금강장보살 고해탈월보살언
爾時에 金剛藏菩薩이 告解脫月菩薩言하사대

불자 보살마하살 이정제이지 욕입제삼
佛子야 菩薩摩訶薩이 已淨第二地하고 欲入第三

지 당기십종심심 하등 위십 소위청정
地인댄 當起十種深心이니 何等이 爲十고 所謂淸淨

심 안주심 염사심 이탐심 불퇴심 견고
心과 安住心과 厭捨心과 離貪心과 不退心과 堅固

심 명성심 용맹심 광심 대심 보살 이
心과 明盛心과 勇猛心과 廣心과 大心이니 菩薩이 以

시십심 득입제삼지
是十心으로 得入第三地니라

그때에 금강장보살이 해탈월보살에게 말하였습니다. "불자여, 보살마하살이 이미 제2지를 깨끗이 수행하고 제3지에 들어가려면 마땅히 열 가지의 깊은 마음을 일으켜야 하느니라. 무엇을 열 가지라 하는가. 이른바 청정한 마음과, 편안히 머무는 마음과, 싫어서 버리는 마음과, 탐욕을 여의는 마음과, 물러가지 않는 마음과, 견고한 마음과, 밝고 성대한 마음과, 용맹한 마음과, 넓은 마음과 큰 마음이니라. 보살이 이 열 가지 마음으로 제3지에 들어가느니라."

처음 환희지에서는 불성을 보는데 불성을 보는 단계는 보는 번뇌의 미혹을 끊는 단계이다. 그래서 견혹見惑을 끊는다고 한다. 두 번째 이구지는 불성을 보고 나서 수행에 들어가는 단계인데 수행에는 다시 수혹修惑이 있어서 그 수혹을 끊는다. 세 번째 발광지發光地는 수혹을 끊고 나면 지혜의 광명이 나타난다고 하여 발광發光이라 하였다. 이와 같이 지혜의 광명이 나타나게 하는 발광지에 들어가려면 반드시 열 가지 깊은 마음을 일으켜야 하므로 그 열 가지 마음을 열거하였다.

4) 유위법有爲法의 실상을 관찰하다

불자 보살마하살 주제삼지이 관일체유
佛子야 菩薩摩訶薩이 住第三地已에 觀一切有

위법 여실상 소위무상 고 부정 불안
爲法의 如實相하나니 所謂無常과 苦와 不淨과 不安

은 패괴 불구주 찰나생멸 비종전제생
隱과 敗壞와 不久住와 剎那生滅과 非從前際生과

비향후제거 비어현재주
非向後際去와 非於現在住며

"불자여, 보살마하살이 제3지에 머물고는 일체 유위법有爲法의 여실한 모습을 관찰하느니라. 이른바 무상하고, 괴롭고, 청정하지 않고, 편안하지 않고, 무너지고, 오래 있지 못하고, 찰나에 났다 없어지고, 과거에서 오는 것도 아니고, 미래로 가는 것도 아니고, 현재에 있는 것도 아니니라."

앞에서 밝힌 열 가지 깊은 마음으로 제3지에 머물고는 먼저 유위법有爲法의 실상을 관찰하게 됨을 밝혔다. 제3지까지를 단순하게 정리하면, 제1지에서 보시하고 베푸는 마음을 수련한다. 설사 보시는 잘하더라도 윤리와 도덕을 지키지 못할 수도 있어서 제2지에서는 윤리와 도덕을 잘 닦는다. 또 윤리와 도덕에는 밝다 하더라도 세상사의 실상에까지 밝을 수는 없다. 그래서 제3지는 세상사의 실상을 꿰뚫어 보는 안목과 견해를 구축하는 단계이다. 불교적 견해의 가장 기본이 되는 세상사의 무상과 고통과 더러움과 불편함과 무너짐 등을 잘 관찰하게 한 것이다. 이와 같은 세상사의 실상을 모르면 설사 보시를 잘하고 윤리와 도덕을 잘 지키더라도 일체 세상사가 영원하고 즐겁고 청정하다는 등의 집착에 떨어질 수 있기 때문이다.

우관차법 무구무의 여우여비 고뇌
又觀此法이 無救無依하며 與憂與悲하며 苦惱

동주 애증소계 수척전다 무유정적
同住하며 愛憎所繫며 愁慼轉多하며 無有停積하며

탐에치화 치연불식 중환소전 일야증
貪恚癡火가 熾然不息하며 衆患所纏으로 日夜增

장　　여환불실
長하며 **如幻不實**하니라

"또 이 법이 구원할 이도 없고, 의지할 데도 없고, 근심과 함께하고, 슬픔과 함께하고, 고통과 함께 있으며, 사랑하고 미워하는 데 얽매이고, 근심 걱정이 많아지고, 정지해 있지 않으며, 탐욕과 성냄과 어리석음의 불이 치성하여 쉬지 아니하고, 여러 가지 근심에 얽매여 밤낮으로 늘어나며, 환영과 같아서 진실하지 아니함을 관찰하느니라."

또 세상사라는 유위의 법은 끝내 누가 구원할 이도 없고, 의지할 데도 없고, 근심과 함께하고, 슬픔과 함께하고, 고통과 함께 있으면서 사랑하고 미워하는 데 얽매여 근심 걱정이 많아진다는 사실을 깊이 관찰하는 것이다. 세상사를 이와 같이 생각해야 비로소 세상의 부귀공명을 버리고 출세간의 경지를 구하려는 발심을 하게 된다. 집을 버리고 출가하여 불법에 들어와서 수행하겠다고 하는 사람들의 첫 마음은 본래 이러한 취지에서 출발한다.

5) 불지혜佛智慧에 나아가다

견여시이　　어일체유위　배증염리　취
見如是已하야는 於一切有爲에 倍增厭離하야 趣

불지혜　　견불지혜　불가사의　무등무량
佛智慧하며 見佛智慧가 不可思議며 無等無量이며

난득무잡　　무뇌무우　지무외성　　불부퇴환
難得無雜이며 無惱無憂며 至無畏城하야 不復退還

능구무량고난중생
이며 能救無量苦難衆生이니라

"이와 같이 보고 나서는 일체 유위에 대한 싫증이 배나 더하여 부처님의 지혜로 나아가는데, 부처님의 지혜는 헤아릴 수 없고, 동등할 이 없고, 한량이 없고, 얻기 어렵고, 섞이지 않았으며, 시끄러움이 없고, 근심이 없고, 두려움이 없는 성城에 이르러 다시는 물러가지 않고, 한량없이 고통받는 중생을 능히 구제함을 보느니라."

일체 유위의 법인 세상사를 깊이 알고 나면 싫증이 생기게 된다. 세상사에 싫증이 생기므로 출세간의 경지인 부처님의 지혜에 나아가게 된다. 부처님의 지혜란 헤아릴 수 없고,

동등할 이 없고, 한량이 없고, 얻기 어렵고, 섞이지 않았으며, 시끄러움이 없고, 근심이 없고, 두려움이 없는 성에 이르러 다시는 물러가지 않는다는 것을 안다. 그래서 한량없이 고통받는 중생들을 능히 구제하게 되는 것이다.

6) 일체 중생에게 내는 열 가지 불쌍한 마음

보살 여시견여래지혜 무량이익 견일
菩薩이 如是見如來智慧의 無量利益하며 見一

체유위 무량과환 즉어일체중생 생십종
切有爲의 無量過患하고 則於一切衆生에 生十種

애민심
哀愍心하나니

"보살이 이와 같이 여래의 지혜가 한량없이 이익케 함을 보고, 일체 유위법은 한량없이 걱정되는 줄을 보았으므로 곧 일체 중생에게 열 가지의 불쌍히 여기는 마음을 내었느니라."

초지에서 보시하고 베푸는 마음을 일으키고, 제2지에서 세상의 규율과 윤리 도덕을 잘 닦고, 제3지에 와서는 세상사의 허무함을 깨닫고 여래의 한량없는 이익이 있는 지혜에 눈을 뜨게 된다. 그리고 일체 중생에게 열 가지 불쌍히 여기는 마음을 내게 된다.

하등 위십 소위견제중생 고독무의
何等이 **爲十**고 **所謂見諸衆生**의 **孤獨無依**하고

생애민심 견제중생 빈궁곤핍 생애민심
生哀愍心하며 **見諸衆生**의 **貧窮困乏**하고 **生哀愍心**

견제중생 삼독화연 생애민심
하며 **見諸衆生**의 **三毒火燃**하고 **生哀愍心**하며

"무엇이 열인가. 이른바 모든 중생이 고독하여 의지할 데 없음을 보고 불쌍한 마음을 내며, 모든 중생이 빈궁하여 곤란함을 보고 불쌍한 마음을 내며, 모든 중생이 삼독에 불타는 것을 보고 불쌍한 마음을 내느니라."

여래의 지혜에는 당연히 자비심이 따른다. 자비가 없는

지혜는 반쪽짜리 지혜며, 지혜가 없는 자비 역시 반쪽짜리 자비다. 그러므로 불교를 지혜와 자비의 종교라 한다. 부처님 마음[佛心]을 달리 보리심이라고 하는데 그 보리심 역시 지혜와 자비를 함께 이르는 말이다. 이와 같은 지혜가 구족하므로 당연히 일체 중생들의 여러 가지 현상을 보고 불쌍히 여기는 마음을 내게 되는 것이다. 먼저 고독하여 의지할 데 없고 가난하고 곤고하며 탐욕과 분노와 어리석음이라는 삼독의 불길에 늘 타오르고 있는 광경을 보고 불쌍한 마음을 내게 된 것이다.

견제중생 제유뇌옥지소금폐 생애민심
見諸衆生이 諸有牢獄之所禁閉하고 生哀愍心하며 見諸衆生이 煩惱稠林의 恒所覆障하고 生哀愍心하며 見諸衆生의 不善觀察하고 生哀愍心하며
(견제중생 번뇌조림 항소부장 생애민심 견제중생 불선관찰 생애민심)

"모든 중생이 모든 있음의 옥에 갇혀 있음을 보고 불쌍한 마음을 내며, 모든 중생이 번뇌의 숲에 항상 뒤덮

여 있음을 보고 불쌍한 마음을 내며, 모든 중생이 잘 살펴보지 못함을 보고 불쌍한 마음을 내느니라."

중생들의 삶은 언제나 일체가 실제로 있다고 여기는 생각 때문에 고통을 받는다. 우리들 육신으로부터 오욕락이나 부귀공명 등 일체 나의 것이 항상 존재한다는 옥에 갇혀서 산다. 또 그로 인해 일으키는 온갖 번뇌가 빽빽한 숲을 이루어 참나와 참마음과 참사람을 항상 뒤덮고 있다. 그와 같은 사실들을 제대로 관찰하지 못하는 것을 보고는 보살이 불쌍한 마음을 내게 된 것이다.

견제중생 무선법욕 생애민심 견제
見諸衆生의 無善法欲하고 生哀愍心하며 見諸
중생 실제불법 생애민심 견제중생 수
衆生의 失諸佛法하고 生哀愍心하며 見諸衆生의 隨
생사류 생애민심 견제중생 실해탈방편
生死流하고 生哀愍心하며 見諸衆生의 失解脫方便
생애민심 시위십
하고 生哀愍心이니 是爲十이니라

"모든 중생이 선한 법에 욕망이 없음을 보고 불쌍한 마음을 내며, 모든 중생이 부처님 법을 잃어버림을 보고 불쌍한 마음을 내며, 모든 중생이 생사의 물결을 따르는 것을 보고 불쌍한 마음을 내며, 모든 중생이 해탈하는 방편을 잃어버림을 보고 불쌍한 마음을 내나니, 이것이 열 가지니라."

모든 중생은 정직하고 선량한 일에는 욕심이 없다. 오로지 오온을 자기라고 생각하여 욕심만 부린다. 그것 때문에 모든 부처님의 깨달음의 법을 잃어버렸다. 그래서 생사의 물결에 떠다니면서 그것으로부터 벗어나는 방편을 알지 못한다. 보살은 이와 같은 중생들의 현실을 보고는 불쌍한 마음을 내는 것이다.

그래서 원효스님은 발심수행장發心修行章에서 "대저 모든 부처님이 적멸한 진리의 세계를 장엄한 것은 오랜 세월 동안 온갖 욕심을 버리고 어려운 수행을 한 때문이고, 일체 중생들이 불타는 삼악도에서 윤회하는 것은 한량없는 세상에서 탐욕을 부리며 버리지 않았기 때문이다. 누가 막아 놓지도 않은 천당에 가는 사람이 적은 것은 탐욕과 분노와 어리석음이라는 삼독의 번뇌로 자기 자신의 재물을 삼았기 때문이며, 누가 유혹하지도 않는 악도에 많이 들어가는 것은 지수화풍으로 된 이 몸뚱이와 보고 듣고 냄새 맡고 맛을 보고 감촉을 느끼는 것 등에 좋은 것만 가까이하려는 욕심으로 헛되게 마음의 보배를 삼기 때문이다."[5]라고 경계하였다.

7) 보살이 크게 정진할 마음을 내다

보살 여시견중생계 무량고뇌 발대정
菩薩이 如是見衆生界의 無量苦惱하고 發大精

진 작시념언 차등중생 아응구 아응탈
進하야 作是念言호대 此等衆生을 我應救며 我應脫

아응정 아응도 응착선처 응령안주
이며 我應淨이며 我應度며 應着善處며 應令安住며

응령환희 응령지견 응령조복 응령열반
應令歡喜며 應令知見이며 應令調伏이며 應令涅槃

5) 夫諸佛諸佛이 莊嚴寂滅宮은 於多劫海에 捨欲苦行이요 衆生衆生이 輪廻火宅門은 於無量世에 貪欲不捨니라. 無防天堂에 少往至者는 三毒煩惱로 爲自家財요 無誘惡道에 多往入者는 四巳五欲으로 爲妄心寶니라.

이라하나니

"보살이 이와 같이 중생계의 한량없는 고통과 괴로움을 보고 크게 정진할 마음을 내어 생각하기를 '이 중생들을 내가 응당히 구호하고, 내가 응당히 해탈케 하고, 내가 응당히 청정하게 하고, 내가 응당히 제도하고, 응당히 선한 곳에 두고, 응당히 편안히 있게 하고, 응당히 즐겁게 하고, 응당히 알고 보게 하고, 응당히 조복하게 하고, 응당히 열반케 하리라.' 라고 하느니라."

참마음을 깨달아 참마음대로 살아가는 보살은 중생들의 고통을 보면 저절로 불쌍하고 측은한 마음이 일어나고, 그들을 고통에서 건져 내려는 정진할 마음이 일어난다. 그 마음을 이중 삼중으로 밝혔다.

보살 여시염리일체유위 여시민념일체
菩薩이 **如是厭離一切有爲**하며 **如是愍念一切**

중생 지일체지지 유승이익 욕의여래
衆生하며 **知一切智智**가 **有勝利益**하고 **欲依如來**

지혜 구도중생
智慧하야 救度衆生이니라

"보살이 이와 같이 일체 유위의 법을 싫어하고, 이와 같이 일체 중생을 불쌍히 생각하고, 일체 지혜의 지혜가 훌륭한 이익이 있음을 알고는 여래의 지혜에 의지하여 중생을 제도하려 하느니라."

다시 정리하여 밝힌 내용이다. 즉 보살이 세상 일체 유위의 법은 무상하므로 싫어하고, 그 무상한 세상의 법에 빠져 있는 일체 중생을 불쌍하게 생각하고, 또 일체 지혜에는 수승한 이익이 있음을 안다. 그러므로 여래의 지혜에 의지하여 세상의 무상한 법에서 온갖 고통받는 중생들을 제도하여야 한다는 것이다.

작시사유 차제중생 타재번뇌대고지중
作是思惟호대 此諸衆生이 墮在煩惱大苦之中

이하방편 이능발제 영주구경열반지
하니 以何方便으로 而能拔濟하야 令住究竟涅槃之

락
樂고하니라

"또 생각하기를 '이 모든 중생들이 번뇌와 큰 고통 속에 빠졌으니 무슨 방편으로 구제하여 구경究竟 열반의 낙樂에 머물게 하리오.' 라고 하느니라."

보살은 또 생각한다. '모든 중생들이 번뇌의 고통 속에 빠져 있으니 무슨 방편으로 구제하여 저 열반의 언덕에서 즐거움을 누리게 할 것인가.'

변작시념　욕도중생　영주열반　불리
便作是念호대 欲度衆生하야 令住涅槃인댄 不離

무장애해탈지　무장애해탈지　불리일체법여
無障礙解脫智니 無障礙解脫智는 不離一切法如

실각　일체법여실각　불리무행무생행혜광
實覺이며 一切法如實覺은 不離無行無生行慧光

무행무생행혜광　불리선선교결정관찰지
이며 無行無生行慧光은 不離禪善巧決定觀察智며

선 선 교 결 정 관 찰 지　불 리 선 교 다 문
禪善巧決定觀察智는 **不離善巧多聞**이니라

"그리고 또 이렇게 생각하느니라. '중생을 제도하여 열반에 머물게 하려면 장애가 없이 해탈한 지혜를 여의지 않아야 하나니, 장애가 없이 해탈한 지혜는 일체 법에 실상과 같은 깨달음[一切法如實覺]을 여의지 않고, 일체 법에 실상과 같은 깨달음은 행함도 없고 생멸도 없는 행의 지혜광명을 여의지 않고, 행함도 없고 생멸도 없는 행의 지혜광명은 선정의 공교롭고 결정하게 관찰하는 지혜[禪善巧決定觀察智]를 여의지 않고, 선정의 공교롭고 결정하게 관찰하는 지혜는 공교롭게 많이 앎[善巧多聞]을 여의지 않았도다.' 라고 하느니라."

나아가서 보살이 또 생각하기를, '일체 중생을 열반에 머물게 하려면 장애가 없는 해탈의 지혜가 있어야 하고, 장애가 없는 해탈의 지혜가 있으려면 일체 법에 실상과 같은 깨달음이 있어야 하고, 다시 일체 법에 실상과 같은 깨달음이 있으려면 생멸이 없는 행의 지혜광명이 있어야 하고, 생멸이 없는 행의 지혜광명이 있으려면 선정의 공교롭고 결정하게 관찰하는 지혜가 있어야 하고, 선정의 공교롭고 결정하게 관찰하는 지혜가 있으려면 공교롭게 많이 앎이 있어야 한다. 즉 많이 듣고 많이 생각하고 많이 닦아야 한다는 결론에 도달하게 된다.'라고 하였다. 즉 정법의 가르침을 공부해야 한다는 뜻이다. 정법을 공부하지 않고 어찌 중생들을 열반의 저 언덕에 이르게 하겠는가.

8) 정법正法을 부지런히 수행하다

보살 여시관찰요지이 배어정법 근구
菩薩이 如是觀察了知已하고 倍於正法에 勤求

수습 일야 유원문법 희법 낙법 의
修習하야 日夜에 唯願聞法하며 喜法하며 樂法하며 依

법 수법 해법 순법 도법 주법
法하며 隨法하며 解法하며 順法하며 到法하며 住法하며

행법
行法이니라

"보살이 이와 같이 관찰하여 알고는 바른 법을 배로

부지런히 닦으며 밤낮으로 원하기를 '법을 듣고, 법을 기뻐하고, 법을 좋아하고, 법을 의지하고, 법을 따르고, 법을 이해하고, 법을 순종하고, 법에 이르고, 법에 머물고, 법을 행하여지이다.' 라고 하느니라."

보살이 바른 법을 배로 부지런히 닦으며 밤낮으로 원하기를 '법을 듣고, 법을 기뻐하고, 법을 좋아하고, 법을 의지하고, 법을 따르고, 법을 이해하고, 법을 순종하고, 법에 이르고, 법에 머물고, 법을 행하여지이다.'라고 하였다. 이 얼마나 중요한 일인가. 불법을 말하면서 어찌 이 화엄경과 같은 정법을 공부하지 않겠는가. 일체 불법은 모두 이 화엄경을 모체로 하여 파생된 것이기 때문이다.

보살 여시근구불법 소유진재 개무인
菩薩이 **如是勤求佛法**호대 **所有珍財**를 **皆無悋**

석 불견유물 난득가중 단어능설불법지
惜하야 **不見有物**이 **難得可重**이요 **但於能說佛法之**

인 생난조상
人에 生難遭想하나니라

"보살이 이와 같이 불법을 구하면서 가진 재물을 하나도 아끼지 아니하고, 어떤 물건도 희귀하고 소중한 줄로 보지 아니하며, 다만 불법을 말하는 사람을 만나기 어렵다는 생각을 내느니라."

진정으로 불법이 좋아서 불법을 수행한다면 자신이 가진 재물에 대해서 아끼는 생각이 없어야 한다. 세상의 어떤 재물에 불법과 같은 것이 있겠는가. 불법에 대한 믿음이 제일가는 재산이라고 하였다. 또 어떤 물건도 희귀하고 소중한 줄로 보지 않는다. 불법보다 희귀하고 소중한 것이 또 있겠는가. 그러므로 진정한 불법을 말하는 사람을 만나기는 참으로 어렵다. 말세가 되어 온갖 삿된 말을 하면서 불법이라고 하는 사람만 많을 뿐이다. 화엄경과 인연이 된 것을 참으로 다행으로 생각해야 한다.

시고 보살 어내외재 위구불법 실능
是故로 菩薩이 於內外財에 爲求佛法하야 悉能

사시 무유공경 이불능행 무유교만 이
捨施호대 無有恭敬을 而不能行하며 無有憍慢을 而

불능사 무유승사 이불능작 무유근고
不能捨하며 無有承事를 而不能作하며 無有勤苦를

이불능수
而不能受니라

"그러므로 보살이 안의 재물과 바깥의 재물을 불법을 구하기 위하여 모두 버리며, 어떤 공경도 행하지 못할 것이 없고, 어떤 교만도 버리지 못할 것이 없고, 어떤 섬기는 일도 행하지 못할 것이 없고, 어떤 고생도 받지 못할 것이 없느니라."

안의 재물은 몸과 마음을 말하고 밖의 재물은 소유하고 있는 일체 재산을 말한다. 즉 보살은 몸, 마음, 집, 절, 궁전, 논밭, 산, 강 등 일체 소유를 불법을 구하기 위해서 다 버린다. 그런데 참으로 통탄할 일은 말세인지라 불법 좋아하기를 재물 좋아하는 것보다 더 하는 사람을 보기 힘들다는 것이다. 또 보살은 불법을 위해서라면 어떤 공경도 다 행하고, 어떤 교만도 다 버리고, 어떤 섬기는 일도 다 행하고, 어떤 고생도 다 받는다.

9) 정법 한 구절의 가치를 밝히다

약문일구미증문법 생대환희 승득삼천
若聞一句未曾聞法하면 **生大歡喜**를 **勝得三千**

대천세계만중진보
大千世界滿中珍寶하며

"만약 일찍이 듣지 못했던 법을 한 구절만 들어도 크게 환희하여 삼천대천세계에 가득한 보배를 얻은 것보다 더 수승하게 여기느니라."

진정으로 불법을 좋아하고 불법의 수승함을 믿는 보살이 그동안 한 번도 듣지 못하던 법문을 들었다면 참으로 뛸 듯이 기뻐한다. 그 어떤 보물을 태산과 같이 많이 얻은 것보다 더 수승하게 여긴다. 열반경에서 설산동자는 '제행무상

시생멸법諸行無常是生滅法'이라는 한 구절을 듣고도 환희에 넘쳐서 몸을 바쳐 공양하지 않았던가. 또 금강경에서는 사구게四句偈만 듣고 수지하고 독송하더라도 그 공덕이 삼천대천세계에 칠보를 가득 채워 보시한 공덕보다 훨씬 수승하다고 하지 않던가. 그런데 온전히 대승의 정법인 금강경과 법화경과 화엄경의 가르침 속에 묻혀 살면서도 그 존귀함을 모르고 기뻐할 줄 모른다면 참으로 안타까운 일이 아닌가. 그리고 엉뚱하게도 세속적인 모든 것을 더 좋아하고 더 가치 있는 것으로 여긴다면 참으로 불쌍하고 가련한 일이 아닌가.

약문일게미문정법　생대환희　승득전륜
若聞一偈未聞正法하면 **生大歡喜**를 **勝得轉輪**
성왕위
聖王位하며

"만약 듣지 못했던 바른 법을 한 게송만 들어도 크게 환희하여 전륜성왕의 지위를 얻은 것보다 더 수승하게 여기느니라."

만약 진정한 불교인이라면 정법의 한 구절이 어떤 사찰의 주지라는 지위보다 더 수승하고 시장이나 장관이나 국회의원의 자리보다 천 배 만 배 더 값어치가 있다는 것을 알리라. 정법의 한 구절이 종회의원이나 원장이나 조실이나 방장이나 종정이라는 명예보다 훨씬 더, 무수 억만 배나 수승하다는 것을 알리라. 그런데 하물며 이 세상에서 가장 위대한 화엄경을 들었다면 무엇으로 어떻게 비교해야 할 것인가. 설사 70억 사람들의 마음을 다 헤아려 알고, 태평양 바닷물을 다 마시고, 저 드넓은 허공을 다 측량하고, 바람을 손으로 붙잡을 수 있다 하더라도 결코 설명하지 못할 것이다.

약득일게미증문법 능정보살행 승득제
若得一偈未曾聞法이 **能淨菩薩行**하면 **勝得帝**

석범왕위 주무량백천겁
釋梵王位하야 **住無量百千劫**이니라

"만약 듣지 못했던 법을 한 게송만 얻어서 보살의 행을 깨끗이 하여도 제석천왕이나 범천왕의 지위를 얻어서 한량없는 백천겁을 지내는 것보다 수승하게 여기느니라."

불교의 경전에서 가장 호화롭고 부귀공명이 최상인 지위가 제석천왕이나 범천왕의 지위라고 하였다. 그런데 만약 아직 듣지 못하던 정법의 한 구절을 들어 보살행을 청정하게 한다면 제석천왕이나 범천왕의 지위를 얻어 한량없는 백천겁을 누리며 지내는 것보다 훨씬 더 수승하다고 하였다. 세상에서 무슨 지위를 얻어야 이 화엄경을 공부하는 것보다 수승하겠는가. 어떤 것과 비교하려 한다는 것이 민망할 뿐이다.

10) 정법 한 구절로 어떤 고통도 극복하다

약유인 언 아유일구불소설법 능정보
若有人이 言호대 我有一句佛所說法이 能淨菩
살행 여금약능입대화갱 수극대고 당
薩行이니 汝今若能入大火坑하야 受極大苦인댄 當
이상여 보살 이시 작여시념 아이일
以相與라하면 菩薩이 爾時에 作如是念호대 我以一

구불소설법 정보살행고 가사삼천대천세
句佛所說法이 淨菩薩行故로 假使三千大千世

계 대화만중 상욕종어범천지상 투신
界에 大火滿中이라도 尙欲從於梵天之上하야 投身

이하 친자수취 황소화갱 이불능입 연
而下하야 親自受取어든 況小火坑에 而不能入가 然

아금자 위구불법 응수일체지옥중고
我今者에 爲求佛法하야는 應受一切地獄衆苦어든

하황인중 제소고뇌 보살 여시발근정진
何況人中에 諸小苦惱아하야 菩薩이 如是發勤精進

구어불법 여기소문 관찰수행
하야 求於佛法호대 如其所聞하야 觀察修行이니라

"만약 어떤 사람이 말하기를 '나에게 부처님이 말씀하신 한 구절의 법이 있어 보살의 행을 청정하게 할 것이니 그대가 지금 능히 큰 불구덩이에 들어가서 엄청난 고통을 참을 수 있다면 마땅히 일러주리라.'고 한다면 보살이 그때에 생각하기를 '내가 부처님이 말씀하신 한 구절의 법을 듣고 보살의 행을 청정하게 할 수 있다면 가령 삼천대천세계에 가득한 큰 불구덩이 속에라도 오히려 범천의 위에서 몸을 던져 떨어지는 일을 몸소 받을 터인데 하물며 이 조그만 불 속에 들어가지 못하겠는가. 그런데 내가 지금 불법을 구하기 위해서는 일체 지옥의 고통도 응당히 받거니와 하물며 인간에게 있는 조그만 고통이겠는가.' 라고 하느니라. 보살이 이와 같이 부지런히 정진하여 불법을 구하고 들은 대로 관찰하고 수행하느니라."

부처님의 설법 한 구절로 어떤 극한의 고통도 충분히 극복할 수 있다는 사실에 대해 예를 들어 밝혔다. 훌륭한 법문 한 구절도 그와 같은데 하물며 화엄경이겠는가. 위법망구爲法忘軀라고 하였다. 부처님의 정법을 위해서는 그 어떤 불구덩이나 극심한 고통도 흡족하게 받아들인다. 만약 진정으로 화엄경의 위대함을 안다면 그까짓 기절 몇 번 하는 것이겠는가. 그까짓 하반신 마비로 생활이 다소 불편한 것이겠는가. 그 어떤 고통과 어려움도 흡족하게 받아들일 것이다. 이것이 정법을 대하는 보살의 바람직한 태도일 것이다.

차보살 득문법이 섭심안주 어공한
此菩薩이 得聞法已하고 攝心安住하야 於空閑

처 작시사유 여설수행 내득불법 비
處에 作是思惟하야 如說修行하야 乃得佛法이니 非

단구언 이가청정
但口言으로 而可淸淨이니라

"이 보살이 법을 듣고는 마음을 거두어서 안주하여 텅 비고 한가한 곳에 있으면서 생각하기를 '말한 대로 행을 닦고야 이에 불법을 얻은 것이니, 다만 말만 하여서는 청정할 수 없으리라.'라고 하느니라."

보살은 법을 들으면 듣는 것으로 끝나는 것이 아니다. 들으면 반드시 사유하고, 천 번 만 번 또 사유하여 장식藏識 속에 잘 갈무리하고, 그것을 자신의 생활에서 그대로 실천궁행하는 것이다. 법문을 듣고 문사수聞思修의 세 가지 지혜를 밟아 가는 것을 잘 드러내었다. 위의 법문이 정법 한 구절의 가치와 또 정법 한 구절이 어떤 고통도 극복하게 한다는 것을 분명하게 밝힌 귀한 구절임을 다시 한 번 생각하게 한다.

11) 발광지에서 수행하는 사선四禪과 사공四空

(1) 사선四禪

불자 시보살 주차발광지시 즉이욕악불
佛子야 **是菩薩**이 **住此發光地時**에 **卽離欲惡不**

선법 유각유관 이생희락 주초선
善法하고 **有覺有觀**하야 **離生喜樂**하야 **住初禪**하며

"불자여, 이 보살이 발광지發光地에 머물렀을 때에는 곧 욕심과 악한 일과 선하지 못한 법을 여의고, 깨달음[覺]도 있고 관찰함[觀]도 있으면 여의어서 기쁘고 즐거움을 내어[離生喜樂] 초선初禪에 머무느니라."

사선四禪은 사선정四禪定, 사정려四靜慮라고도 하는데 초선정初禪定, 제2선정第二禪定, 제3선정第三禪定, 제4선정第四禪定을 사선정이라 한다. 초선정을 이생희락정離生喜樂定이라 하고, 제2선정을 정생희락정定生喜樂定, 제3선정을 이희묘락정離喜妙樂定, 제4선정을 사념청정정捨念淸淨定이라 한다.

대집법문경大集法門經에 이르기를, "네 가지 선정을 부처님께서 말씀하셨다. '만일 비구가 이미 모든 욕심과 좋지 못한

법을 여의고 심(尋 : 거친 마음)과 사(伺 : 미세한 마음)가 있으면 첫 번째 이생희락정離生喜樂定이라 하고, 만일 비구가 심尋과 사伺를 쉬고 마음이 깨끗하며 한 곳에 마음을 집중하여 심과 사가 없으면 이것을 두 번째 정생희락정定生喜樂定이라 하며, 만일 비구가 기쁨을 탐하지 아니하고 보시행을 좋아하며 몸이 경쾌하고 묘한 즐거움을 얻으면 이것을 세 번째 이희묘락정離喜妙樂定이라 하고, 만일 비구가 즐겁다는 생각을 끊고 괴롭다는 생각도 없으며 기뻐하는 마음도 없고 고뇌하는 마음도 없으며 괴로움과 즐거움이 없으면 이것을 네 번째 사념청정정捨念淸淨定이라고 한다. 이와 같은 것을 네 가지 선정이라 한다.'"라고 하였다.

이와 같은 사선정은 선정을 닦을 때 점차적으로 깊어지는 정신 상태에 대한 자세한 내용이다. 사전적 해석 외에는 달리 더 설명할 수가 없음을 밝힌다. 2선정과 3선정과 4선정도 역시 마찬가지다.

멸각관 내정일심 무각무관 정생희
滅覺觀하고 **內淨一心**이라 **無覺無觀**하야 **定生喜**

락 주제이선
樂하야 住第二禪하며

"깨달음과 관찰함을 멸하고[滅覺觀] 속으로 한마음을 깨끗이 하여[內淨一心] 깨달음도 없고 관찰함도 없으면[無覺無觀] 선정으로 기쁘고 즐거움을 내어[定生喜樂] 제2선에 머무느니라."

이희 주사 유념 정지 신수락
離喜하야 住捨하며 有念하며 正知하야 身受樂하나니

제성소설 능사유념수락 주제삼선
諸聖所說로 能捨有念受樂하야 住第三禪하며

"기쁨을 여의고[離喜], 버리고 생각이 있고 바로 아는 데 머물러[住捨有念正知] 몸으로 즐거움을 받으면[身受樂], 여러 성인이 말하는 바 능히 버리고 생각이 있어 즐거움을 받아서[諸聖所說能捨有念受樂] 제3선에 머무느니라."

단락 선제고희우멸 불고불락 사념
斷樂하야 先除苦喜憂滅하고 不苦不樂하야 捨念

청정 주제사선
清淨하야 住第四禪이니라

"즐거움을 끊어 먼저 고통을 없애고, 기쁨과 근심이 멸하였으므로 괴롭지도 않고 즐겁지도 않으면, 버리는 생각이 청정하여서[捨念清淨] 제4선에 머무느니라."

(2) 사공四空

초일체색상 멸유대상 불념종종상
超一切色想하며 滅有對想하며 不念種種想하고

입무변허공 주허공무변처
入無邊虛空하야 住虛空無邊處하며

"모든 물질이란 생각을 초월하고[超一切色想] 상대가 있다는 생각을 멸하여[滅有對想], 갖가지 생각을 기억하지 않으면[不念種種想], 끝없는 허공에 들어가 허공이 끝없는 곳에 머무느니라[住虛空無邊處]."

초일체허공무변처 입무변식 주식무
超一切虛空無邊處하야 入無邊識하야 住識無

변처
邊處하니라

"일체 허공이 끝없는 곳을 초월하면 끝없는 식識에 들어가 식이 끝없는 곳에 머무느니라[住識無邊處]."

사선정 외에 끝없는 허공에 들어가 허공이 끝없는 곳에 머무는[住虛空無邊處] 내용과 끝없는 식識에 들어가 식이 끝없는 곳에 머무는[住識無邊處] 내용도 더 이상 설명하지 못함을 밝힌다.

초일체식무변처 입무소소유 주무소
超一切識無邊處하야 入無少所有하야 住無所

유처 초일체무소유처 주비유상비무상
有處하며 超一切無所有處하야 住非有想非無想

처 단수순법고 행 이무소락착
處호대 但隨順法故로 行이언정 而無所樂着이니라

"일체 식이 끝없는 곳을 초월하면 조그만 것도 없는 데 들어가 아무것도 없는 곳에 머무느니라[住無所有處]. 일체 아무것도 없는 곳을 초월하면 생각이 있지도 않고 생각이 없지도 않은 곳에 머무느니라[住非有想非無想處]. 다만 법을 따라서 행할지언정 즐거워 집착하는 일은 없느니라."

역시 사전적 해석을 빌리자면 사공四空은 사공처四空處라고도 하는데, 무색계無色界에 속하는 네 가지 경지 혹은 세계를 말한다. 이는 곧 공무변처空無邊處와 식무변처識無邊處와 무소유처無所有處와 비상비비상처非想非非想處를 말한다. 이는 사무색정四無色定을 닦음으로써 도달하는 경지 혹은 태어나는 세계이다. ① 공무변처空無邊處는 공처空處라고도 한다. 가없는 공空을 직관直觀하는 경지를 말한다. 곧 공간에 걸림이 없는 경지이다. ② 식무변처識無邊處는 식처識處라고도 한다. 가없는 식識을 직관하는 경지를 말한다. 곧 식識에 걸림이 없는 경지이다. ③ 무소유처無所有處는 어디에도 마음을 두지 않는 경지를 말한다. 곧 아무것도 없는 경지이다. ④ 비상비비상처非想非非想處는 비비상처非非想處라고도 한다. 지각知覺이 있는 것도 아니고 없는 것도 아닌 경지이다.

관무량수경소묘종초觀無量壽經疏妙宗鈔 권6에 이르기를 "공처空處는 근본사선根本四禪과 삼배사三背捨 등의 색色을 멸하고 한마음으로 가없는 허공을 반연하여 선정에 들어간다. 곧 이 선정에 들어가 오음과 육입 등에 의지하여 존재하는 것이니, 영원하지 않고 고통스러우며 공하고 거짓되어 진실하지 않음을 관찰하고, 이로써 마음에 싫어하고 등지려는 뜻이 생겨나 받아들여 집착하지 않는 것이다. 식처識處는 공空을 버리고 식識을 반연하여 선정禪定에 들어 이 선정에서 거짓되어 진실하지 않음을 관찰하여 집착하지 않는 것이다. 무소유처無所有處는 식識을 버리고 무소유無所有를 반연하여 선정에 들어갈 때 그 속에서 집착하지 않는 것이다. 비비상처非非想處는 무소유처無所有處를 버리고 비비상非非想을 반연하여 선정에 들어갈 때 그 속에서 집착하지 않는 것이다."라고 하였다.

(3) 사선四禪과 사공四空을 닦은 공과

1〉 사무량심四無量心

불자 차보살 심수어자 광대무량불이
佛子야 此菩薩이 心隨於慈하야 廣大無量不二

무원무대 무장무뇌 변지일체처
하며 無怨無對하며 無障無惱하며 徧至一切處하며

진법계허공계 변일체세간 주비희사
盡法界虛空界하야 徧一切世間하나니 住悲喜捨도

역부여시
亦復如是하니라

"불자여, 이 보살이 마음이 인자[慈]함을 따르나니, 넓고 크고 한량없고 둘이 아니고, 원수가 없고, 상대가 없고, 장애가 없고, 시끄러움이 없으며, 온갖 곳에 두루 이르며, 법계와 허공계를 끝까지 하여 일체 세간에 두루 하느니라. 불쌍히 여기고[悲] 기뻐하고[喜] 버리는 데[捨] 머무는 것도 또한 이와 같으니라."

화엄경에서는 사선四禪과 사공四空을 닦아도 궁극에는 그 공과가 사무량심四無量心에 머물러 일체 중생을 교화하고 조복하는 것으로 설명하였다. 소승불교에서 사선과 사공을 닦는 공과와는 현저히 다르다. 보살이 인자한 마음에 머물면 그 인자함이 넓고 크고 한량없고 둘이 아니고, 원수가 없고, 상대가 없고, 장애가 없고, 시끄러움이 없으며, 온갖 곳에 두루 이르며, 법계와 허공계를 끝까지 하여 일체 세간에 두루 한다. 불쌍히 여기는[悲] 마음도 그와 같고, 기뻐하는[喜] 마음도 그와 같고, 버리는 데[捨] 머무는 마음도 또한 그와 같다.

2〉 오신통五神通

〈1〉 신경통神境通

불자 차보살 득무량신통력 능동대지
佛子야 **此菩薩**이 **得無量神通力**하야 **能動大地**

이일신 위다신 다신 위일신 혹
하며 **以一身**으로 **爲多身**하고 **多身**으로 **爲一身**하야 **或**

은혹현 석벽산장 소왕무애 유여허공
隱或顯하며 **石壁山障**에 **所往無礙**를 **猶如虛空**하며

"불자여, 이 보살이 한량없는 신통의 힘을 얻어서 능히 땅덩어리를 흔들며, 한 몸으로 여러 몸이 되고 여러

몸이 한 몸이 되며, 숨기도 하고 나타나기도 하며, 돌이나 절벽이나 산이 막혔더라도 장애 없이 통과하기를 마치 허공과 같이 하느니라."

사선四禪과 사공四空을 닦은 공과로서 앞에서는 사무량심이 있었다. 다음은 오신통 얻음을 밝혔다. 첫째 신경통神境通이란 신족통神足通 또는 여의통如意通이라 한다. 사대로 된 육신이나 바깥의 물질 경계에 걸림이 없이 여러 가지로 전변할 수 있으며, 이 몸을 마음대로 옮겨다니며 마음대로 변화시킬 수 있기 때문에 이와 같이 부른다.

어허공중　가부이거　동어비조　입지여
於虛空中에 **跏趺而去**를 **同於飛鳥**하며 **入地如**

수　이수여지　신출연염　여대화취
水하며 **履水如地**하며 **身出煙焰**을 **如大火聚**하며

"공중에서 가부좌跏趺坐하고 하늘을 날아가기를 나는 새와 같이 하고, 땅에 들어가기를 물과 같이 하고, 물을 밟고 가기를 땅과 같이 하며, 몸에서 연기와 불길 내는

것을 불더미와 같이 하느니라."

가끔은 말세의 강강한 중생들에게 방편을 써서 그들을 교화하고 조복하고자 할 때 이와 같은 마술을 펼쳐 보이면 효과가 있겠다 싶으나, 그러나 결코 바라는 바도 아니며 권장할 일도 아니다. 숨을 쉬고, 말을 하고, 말을 듣고, 손발을 움직이고, 사람을 미워도 하고, 사랑도 하고, 웃고 울 줄 아는 이러한 신통이 진정한 신통이기 때문이다.

부우어수 유여대운 일월 재공 유대
復雨於水를 **猶如大雲**하며 **日月**이 **在空**하야 **有大**
위력 이능이수 문막마촉 기신자재
威力이어든 **而能以手**로 **捫摸摩觸**하며 **其身自在**하야
내지범세
乃至梵世이니라

"또 물을 내리기를 큰 구름과 같이 하며, 해와 달이 허공에 있듯이 큰 위력이 있어 능히 손으로 어루만지고 주무르고 부딪치며, 그 몸이 자재하여 범천에까지 이르

느니라."

이와 같은 신통은 불교의 본질은 아니지만 소승 선정을 닦다 보면 이와 같은 변질된 일이 나타날 수도 있다고 한다. 그래도 그 누구도 이러한 신통을 나타내 보인 예는 없었으며, 있었다 하더라도 기록할 만한 일은 아니기 때문이다.

〈2〉 천이통天耳通

차보살 천이청정 과어인이 실문인천
此菩薩이 **天耳淸淨**이 **過於人耳**하야 **悉聞人天**의

약근약원 소유음성 내지문예맹승등성
若近若遠한 **所有音聲**하고 **乃至蚊蚋虻蠅等聲**도

역실능문
亦悉能聞하니라

"이 보살이 천이통天耳通이 청정하여 인간의 귀보다 훨씬 뛰어나서, 인간이나 천상이나 가까운 데나 먼 데 있는 음성을 모두 들으며 내지 모기, 등에, 파리 따위의

소리도 다 듣느니라."

천이통天耳通이란 귀가 밝아서 온갖 소리를 빠짐없이 다 듣는 것을 말한다. 가까운 데나 먼 데 있는 음성을 모두 들으며 내지 모기, 등에, 파리 따위의 소리도 다 듣는다.

〈3〉 타심통他心通

차보살 이타심지 여실이지타중생심
此菩薩이 **以他心智**로 **如實而知他衆生心**하나니

소위유탐심 여실지유탐심 이탐심 여실
所謂有貪心에 **如實知有貪心**하고 **離貪心**에 **如實**

지이탐심
知離貪心하며

"이 보살이 타심통의 지혜[他心智]로 다른 중생의 마음을 사실대로 아느니라. 이른바 탐심이 있으면 탐심이 있음을 실지대로 알고, 탐심이 없으면 탐심이 없음을 실지대로 아느니라."

타심통他心通이란 사람의 마음이 현재 어떤 상태인가를 아는 신통이다. 그러나 그것은 마음의 작용이 있을 때는 알 수 있으나 만약 작용이 없으면 본래 텅 빈 것이어서 알 수가 없다. 그래서 이런 이야기가 있다.

남양혜충국사가 인도의 대이삼장이 중국의 서울에 와서 말하기를 "나는 타심통을 얻었노라."라고 함을 인하여 숙종 황제가 혜충국사를 청하여 시험하게 하였다. 혜충국사가 물었다. "그대는 타심통을 얻었는가?" "예, 그렇습니다." "그대는 말하라. 노승이 지금 어느 곳에 있는가?" "화상께서는 일국의 스승으로 어찌 서쪽 냇가에 가서 배 젓는 경기 하는 것을 구경하십니까?" 혜충국사가 잠깐 있다가 또 물었다. "그대는 말하라. 노승이 지금은 어느 곳에 있는가?" "화상께서는 일국의 스승으로서 어찌 천진교 위에서 원숭이 장난하는 것을 보고 계십니까?" 혜충국사가 세 번째 물음에 삼장이 국사의 간 곳을 알지 못하였다. 혜충국사가 그를 꾸짖으며 말씀하였다. "이 여우 귀신이여, 타심통이 어디에 있는가?" 삼장이 대답이 없었다.[6)]

유진심이진심 유치심이치심 유번뇌심
有瞋心離瞋心과 **有癡心離癡心**과 **有煩惱心**

무번뇌심 소심광심 대심무량심 약심비약
無煩惱心과 **小心廣心**과 **大心無量心**과 **略心非略**

심 산심비산심 정심비정심
心과 **散心非散心**과 **定心非定心**과

"성내는 마음과 성냄을 떠난 마음과, 어리석은 마음과 어리석음을 떠난 마음과, 번뇌가 있는 마음과 번뇌가 없는 마음과, 작은 마음과 넓은 마음과, 큰 마음과 한량없는 마음과, 간략한 마음과 간략하지 않은 마음과, 산란한 마음과 산란하지 않은 마음과, 선정의 마음과 선정이 아닌 마음과"

해탈심비해탈심 유상심무상심 잡염심
解脫心非解脫心과 **有上心無上心**과 **雜染心**

6) 忠國師 因西天大耳三藏 到京云 我得他心通 肅宗帝 請國師試驗 師問 汝得他心通耶 曰不敢 師云 汝道老僧 卽今 在甚麼處 曰和尙 是一國之師 何得去西川 看競渡船 師良久 又問 汝道老僧 卽今 在甚麼處 曰和尙 是一國之師 何得向天津橋上 看弄猢猻 師 第三問 三藏 罔知去處 師叱之云 這野狐精 他心通 在什麼處 三藏 無對--直指心經.

비잡염심 광심비광심 개여실지 보살
非雜染心과 廣心非廣心을 皆如實知하야 菩薩이

여시이타심지 지중생심
如是以他心智로 知衆生心이니라

"해탈한 마음과 해탈하지 못한 마음과, 위가 있는 마음과 위없는 마음과, 물든 마음과 물들지 않은 마음과, 광대한 마음과 광대하지 않은 마음을 모두 사실대로 아느니라. 보살이 이와 같이 타심통의 지혜로 중생의 마음을 아느니라."

이와 같이 중생의 마음에 탐심이 있고 없음과 진심이 있고 없음과 치심이 있고 없음 등 온갖 마음의 작용이 있고 작용의 자취가 있어서 타심통을 한 보살은 그것을 다 안다. 만약 위와 같은 여러 가지 마음의 작용이 있다 하더라도 그 자취가 없다면 보살의 타심통도 알지 못할 것이다. 즉 작용함이 없이 작용하고 작용하되 작용함이 없다면 결코 알 수 없을 것이다.

〈4〉 숙주통宿住通

차보살 염지무량숙명차별 소위염지
此菩薩이 **念知無量宿命差別**하나니 **所謂念知**

일생 염지이생삼생사생 내지십생이십삼
一生하며 **念知二生三生四生**과 **乃至十生二十三**

십 내지백생 무량백생 무량천생 무량백
十과 **乃至百生**과 **無量百生**과 **無量千生**과 **無量百**

천생 성겁괴겁 성괴겁 무량성괴겁
千生과 **成劫壞劫**과 **成壞劫**과 **無量成壞劫**하며

"이 보살이 한량없는 숙세의 차별한 세상일을 아느니라[念知無量宿命差別]. 이른바 한 생의 일을 알고, 이생, 삼생, 사생과 내지 십생, 이십생, 삼십생으로 백생, 무량 백생, 무량 천생, 무량 백천생의 일과 생겨나는 겁[成劫]과 무너지는 겁[壞劫]과 생겨나고 무너지는 겁[成壞劫]과 한량없이 생겨나고 무너지는 겁을 아느니라."

숙주통宿住通이란 숙주지통宿住智通이라고도 하는데 한량없는 숙세의 차별한 세상일을 다 아는 지혜의 신통이다. 어제의 일도 제대로 기억하지 못하는데 일생, 이생, 삼생 내지 백천생과 무량 억생을 다 기억해서 안다. 얼마나 대단하고

신기한 일인가.

아증재모처 여시명 여시성 여시종족
我曾在某處한 **如是名**과 **如是姓**과 **如是種族**과

여시음식 여시수명 여시구주 여시고락
如是飮食과 **如是壽命**과 **如是久住**와 **如是苦樂**과

아어피사 생어모처 종모처사 생어차
我於彼死하야 **生於某處**하고 **從某處死**하야 **生於此**

처 여시형상 여시상모 여시언음 여시
處한 **如是形狀**과 **如是相貌**와 **如是言音**하야 **如是**

과거무량차별 개능억념
過去無量差別을 **皆能憶念**이니라

"내가 일찍이 어느 때 아무 곳에서 어떤 이름, 어떤 성, 어떤 가문, 어떤 음식이며, 얼마의 수명으로, 얼마나 오래 살았고, 어떤 고통과 낙을 받았으며, 어디서 죽어 어느 곳에 태어났고, 어느 곳에서 죽어 여기 태어났으며, 어떤 형상, 어떤 모습, 어떤 음성 등 이러한 지난 일의 한량없는 차별을 다 기억하여 아느니라."

단순하게 여러 생을 기억할 뿐만 아니라 살던 장소도 알고 이름과 성씨와 종족과 음식 등 어떻게 살았는지를 다 안다. 어디에서 죽어서 어디에 태어났는지도 알며, 얼굴이 어떻게 생겼는지도 다 안다. 참으로 대단한 신통이다.

〈5〉 천안통天眼通

차보살 천안청정 과어인안 견제중생
此菩薩이 **天眼清淨**이 **過於人眼**하야 **見諸衆生**의

생시사시 호색악색 선취악취 수업이거
生時死時와 **好色惡色**과 **善趣惡趣**에 **隨業而去**하며

"이 보살이 천안이 청정하여 인간의 눈보다 썩 뛰어나서 모든 중생의 나는 때와 죽는 때와 좋은 몸과 나쁜 몸과 좋은 갈래와 나쁜 갈래에 업을 따라가는 것을 보느니라."

천안통天眼通은 앉은자리에서 멀리 떨어져 있는 일을 다 본다. 모든 중생들이 태어날 때와 죽을 때와 좋은 몸과 나쁜 몸과 좋은 갈래와 나쁜 갈래에 업을 따라가는 것까지 다

본다.

약피중생 성취신악행 성취어악행
若彼衆生이 成就身惡行하고 成就語惡行하고
성취의악행 비방현성 구족사견 급사
成就意惡行하야 誹謗賢聖하고 具足邪見과 及邪
견업인연 신괴명종 필타악취 생지옥
見業因緣하면 身壞命終에 必墮惡趣하야 生地獄
중
中하며

"만일 어떤 중생이 몸으로 나쁜 행을 짓고, 말로 나쁜 행을 짓고, 뜻으로 나쁜 행을 지으며, 성현을 비방하고, 삿된 소견과 삿된 소견의 업을 구족하면 그 인연으로 몸이 죽고는 반드시 나쁜 갈래에 떨어져서 지옥에 태어나는 것을 다 아느니라."

중생들이 나쁜 행동과 나쁜 말과 나쁜 생각 하는 것을 다 안다. 만약 이와 같은 신통이 경찰이나 검찰들에게 있다면 세상의 모든 범죄를 다 밝혀낼 것이다. 어느 누구도 거짓

말을 못할 것이다. 참으로 꼭 필요한 신통이다.

약 피 중 생　성 취 신 선 행　성 취 어 선 행
若彼衆生이 成就身善行하고 成就語善行하고

성 취 의 선 행　불 방 현 성　구 족 정 견　정 견
成就意善行하야 不謗賢聖하고 具足正見과 正見

업 인 연　신 괴 명 종　필 생 선 취 제 천 지 중　보
業因緣하면 身壞命終에 必生善趣諸天之中을 菩

살　천 안　개 여 실 지
薩이 天眼으로 皆如實知하나니라

"만일 어떤 중생이 몸으로 선한 행을 짓고, 말로 선한 행을 짓고, 뜻으로 선한 행을 지으며, 성현을 비방하지 않고, 바른 소견과 바른 소견의 업을 구족하면 그 인연으로 몸이 죽고는 반드시 좋은 갈래의 천상에 태어나는 것을 보살이 천안으로 사실대로 모두 아느니라."

중생들의 악한 일도 알거니와 선한 일도 일일이 다 안다. 몸과 말과 뜻으로 짓는 온갖 선한 일을 보살은 천안으로 사실대로 빠짐없이 다 안다.

12) 보살은 원력으로 수생受生한다

차 보 살 어 제 선 삼 매 삼 마 발 저 능 입 능 출
此菩薩이 **於諸禪三昧**와 **三摩鉢底**에 **能入能出**

연 불 수 기 력 수 생 단 수 능 만 보 리 분 처
이나 **然**이나 **不隨其力受生**하고 **但隨能滿菩提分處**

이 의 원 력 이 생 기 중
하야 **以意願力**으로 **而生其中**이니라

"이 보살이 선정과 삼매와 삼마발저三摩鉢底에 마음대로 들고 나면서도, 그 힘을 따라 태어나는 것이 아니고, 보리의 부분을 만족할 수 있는 곳을 따라서 뜻과 원력으로 그 가운데 나느니라."

원력수생願力受生이라고 하여 비록 큰 보살은 아니더라도 한 가지 일에 원력이 깊으면 그 원력을 따라 생을 받는다. 하물며 제3지에 오른 보살이라면 뜻과 원력으로 생을 받을 수 있다. 이와 같이 불법을 공부하였다면 보다 큰 자비의 실현을 위해 모두 원을 세우고 그 원에 의하여 새로운 생을 받을 수 있어야 하리라. 반드시 죽은 뒤에 다시 태어나는 일이 아

니더라도 법에 의하여 보다 나은 삶을 계획하고 살아가는 것이 원력수생이다.

13) 제3지에 머문 공과를 밝히다

(1) 조화롭고 유연한 공과[調柔果]

1〉 법을 밝히다

불자 시보살 주차발광지 이원력고 득
佛子야 是菩薩이 住此發光地에 以願力故로 得

견다불 소위견다백불 견다천불 견
見多佛하나니 所謂見多百佛하고 見多千佛하고 見

다백천불 내지견다백천억나유타불 실
多百千佛하며 乃至見多百千億那由他佛하야 悉

이광대심심심 공경존중 승사공양 의
以廣大心深心으로 恭敬尊重하고 承事供養하야 衣

복음식 와구탕약 일체자생 실이봉시
服飮食과 臥具湯藥과 一切資生을 悉以奉施하며

"불자여, 이 보살이 이 발광지에 머물고는 서원하는

힘으로 많은 부처님을 보게 되느니라. 이른바 여러 백 부처님을 보며, 여러 천 부처님을 보며, 여러 백천 부처님을 보며, 내지 여러 백천억 나유타 부처님을 보느니라. 모두 광대한 마음과 깊은 마음으로 공경하고 존중하고 받들어 섬기고 공양하며, 의복과 음식과 이부자리와 탕약과 일체 생활필수품으로 다 받들어 베푸느니라."

제3지에 머문 공과는 이와 같이 모든 사람 모든 생명을 부처님으로 이해하여 친견하는 일이다. 모든 사람이 사람을 넘어 부처님으로 보이니 얼마나 큰 이익인가. 또 모든 생명들이 단순한 생명이 아니라 부처님으로 보이니 이 또한 얼마나 큰 이익인가. 그리고 일일이 광대한 마음과 깊은 마음으로 공경하고 존중하고 받들어 섬기고 공양하며, 의복과 음식과 이부자리와 탕약과 일체 생활필수품으로 받들어 베풀게 되었으니 이 또한 얼마나 다행한 일이며 큰 복인가.

역이공양일체중승 이차선근 회향아

亦以供養一切衆僧하야 **以此善根**으로 **廻向阿**

녹다라삼먁삼보리 어기불소 공경청법
耨多羅三藐三菩提하며 於其佛所에 恭敬聽法하고

문이수지 수력수행
聞已受持하야 隨力修行하며

"또 일체 스님에게 공양하고, 이 선근으로 아뇩다라삼먁삼보리에 회향하며, 그 부처님 계신 데서 공경하여 법을 듣고 받아 지니며, 힘을 따라 수행하느니라."

또한 일체 수행자에게는 일체를 사부대중으로 받들어 공양하여 복을 짓는다. 다시 그 복으로 최상의 깨달음에 회향하며 다 같이 부처님에게 나아가 법문을 듣고 들은 대로 힘을 따라 수행하게 되었으니 이 얼마나 큰 공과인가.

차보살 관일체법 불생불멸 인연이유
此菩薩이 觀一切法이 不生不滅이라 因緣而有

견박 선멸 일체욕박색박유박무명박
하야 見縛이 先滅에 一切欲縛色縛有縛無明縛이

개전미박 어무량백천억나유타겁 부적집
皆轉微薄하야 於無量百千億那由他劫에 不積集

고 사탐사진 급이사치 실득제단 소유
故로 邪貪邪瞋과 及以邪癡가 悉得除斷하고 所有

선근 전갱명정
善根이 轉更明淨하나니라

"이 보살이 일체 법이 나지도 않고 멸하지도 않아 인연으로 생기는 줄을 관찰하느니라. 소견의 속박[見縛]이 먼저 멸하고, 욕심의 속박과 색계의 속박[色縛]과 무색계의 속박[有縛]과 무명의 속박이 점점 희박하여지고, 한량없는 백천억 나유타 겁에 모아 쌓지 아니하므로 삿된 탐욕과 삿된 성내는 일과 삿된 어리석음이 모두 끊어지고 모든 선근이 점점 더 밝고 청정하여지느니라."

지혜의 빛을 발하게 되는 제3 발광지에 머물면 일체 법이 나지도 않고 멸하지도 않아 인연으로 생기는 줄을 관찰하게 된다. 흔히 말하는 '제법은 인연으로부터 생기고 제법은 인연으로부터 소멸한다.'는 이치를 깨닫게 된다. 또 '제법은 본래로 공한 모양이라서 불생불멸하고 불구부정하며 부증불감한다.'는 이치를 깨닫게 된다. 일체 법에 대하여 이와 같이 알게 되면 삿된 소견의 속박을 소멸한다. 나아가서 욕심의 속박과 색계의 속박과 무색계의 속박과 무명의 속박이 점점 희박하여진다. 또한 삿된 탐욕과 삿된 성내는 일과 삿된 어리석음이 모두 끊어지고 모든 선근이 점점 더 밝고 청정하여진다. 이것이 제3지에 머문 공과다.

2〉 비유로써 밝히다

불자 비여진금 선교연치 칭량불감
佛子야 **譬如眞金**을 **善巧鍊治**에 **秤兩不減**하고

전갱명정
轉更明淨인달하니라

"불자여, 마치 진금을 공교하게 연단하되 근량[秤兩]이 줄지 않고 더욱 밝고 깨끗하여지느니라."

비유하자면 마치 금을 단련할 때에 진금은 아무리 오래 단련하더라도 그 무게가 감소하거나 없어지지 않고 점점 더 밝은 빛을 발하는 것과 같다.

3〉 법과 비유를 합하여 밝히다

보살 역부여시 주차발광지 부적집고
菩薩도 **亦復如是**하야 **住此發光地**에 **不積集故**로

사탐사진 급이사치 개득제단 소유선근
邪貪邪瞋과 **及以邪癡**가 **皆得除斷**하고 **所有善根**이

전갱명정
轉更明淨하나니

"보살도 그와 같아서 이 발광지에 머무르면 쌓아 모으지 아니하므로 삿된 탐욕과 삿되게 성내는 일과 삿된 어리석음이 모두 끊어지고 모든 선근이 점점 더 밝고 깨끗하여지느니라."

"삿된 탐욕과 삿되게 성내는 일과 삿된 어리석음이 모두 끊어지고 모든 선근이 점점 더 밝고 깨끗하여지느니라." 모든 불자와 일체 수행자들이 얼마나 기다리던 일인가. 꿈에라도 한번 있었으면 하는 일이다. 평생을 수행한다고는 하지만 정작 어떤 경계를 만나면 평생 공부는 눈 녹듯이 사라지고 만다. 일생 동안 닦은 도력도 탐·진·치 삼독 앞에서는 계란으로 바위를 치는 격이다. 자신을 드러내려는 교만

과 자신의 허물을 덮어 버리려는 마음만 치성하다. 제3 발광지에 이르면 이 모든 일이 순조롭게 해결된다.

차보살 인욕심 유화심 해순심 열미심
此菩薩이 **忍辱心**과 **柔和心**과 **諧順心**과 **悅美心**과
부진심 부동심 불탁심 무고하심 불망보
不瞋心과 **不動心**과 **不濁心**과 **無高下心**과 **不望報**
심 보은심 불첨심 불광심 무험피심 개
心과 **報恩心**과 **不諂心**과 **不誑心**과 **無險詖心**이 **皆**
전청정
轉淸淨이니라

"이 보살의 인욕하는 마음과, 유화한 마음과, 화순한 마음과, 아름다운 마음과, 성내지 않는 마음과, 동動하지 않는 마음과, 혼탁하지 않은 마음과, 높고 낮음이 없는 마음과, 과보를 바라지 않는 마음과, 은혜를 갚는 마음과, 아첨하지 않는 마음과, 속이지 않는 마음과, 험담하지 않는 마음이 점점 청정하여지느니라."

인욕하는 마음과, 유화한 마음과, 화순한 마음과, 아름

다운 마음과, 성내지 않는 마음 등은 모든 불자가 평소에도 늘 지녀야 하는 마음이다. 세속의 군자도 늘 지키려는 마음이다. 제3 발광지에 이르면 이러한 마음들이 더욱 더 청정해지는 것이 진금을 불에 넣어 녹이면 점점 더 밝은 빛을 발하게 되는 것과 같다.

4〉 제3 발광지와 사섭법과 십바라밀

차보살 어사섭중 이행 편다 십바라
此菩薩이 **於四攝中**엔 **利行**이 **偏多**하고 **十波羅**
밀중 인바라밀 편다 여비불수 단수력
蜜中엔 **忍波羅蜜**이 **偏多**하며 **餘非不修**로대 **但隨力**
수분 불자 시명보살 제삼발광지
隨分이니라 **佛子**야 **是名菩薩**의 **第三發光地**니라

“이 보살이 네 가지로 거두어 주는 법[四攝法] 중에는 이롭게 하는 행이 치우쳐 많고, 열 가지 바라밀 중에는 참는 바라밀이 치우쳐 많으니라. 다른 것을 닦지 않는 것은 아니지마는 다만 힘을 따르고 분한을 따를 뿐이니라. 불자여, 이것을 이름하여 보살의 제3 발광지發光地

라 하느니라."

보살의 수행계위인 십주와 십행과 십회향과 십지에서는 낱낱이 매 지위마다 십바라밀을 수행하는데, 제1위에서는 보시바라밀을 주主바라밀로 삼고 나머지 아홉 바라밀은 조助바라밀로 삼는다. 제2위에서는 지계바라밀을 주바라밀로 삼고 나머지 아홉 바라밀은 조바라밀로 삼는다. 또 제3위에서는 인욕바라밀을 주바라밀로 삼고 나머지 아홉 바라밀은 조바라밀로 삼는다. 사섭법과 사무량심은 모든 지위마다 낱낱이 다 해당된다.

(2) 과보를 거두는 공과[攝報果]

보살 주차지 다작삼십삼천왕 능이방
菩薩이 **住此地**에 **多作三十三天王**하야 **能以方**

편 영제중생 사리탐욕 보시애어이행
便으로 **令諸衆生**으로 **捨離貪欲**하고 **布施愛語利行**

동사 여시일체제소작업 개불리염불
同事하나니 **如是一切諸所作業**이 **皆不離念佛**하고

불리염법 불리염승 내지불리염구족일
不離念法하고 不離念僧하며 乃至不離念具足一

체종 일체지지
切種과 一切智智니라

"보살이 이 발광지에 머물러서는 흔히 삼십삼천의 왕이 되며, 능히 방편으로써 중생들로 하여금 탐욕을 버리게 하고, 보시하고, 좋은 말을 하고, 이로운 행을 하고, 일을 함께 하느니라. 이와 같이 모든 하는 일이 다 부처님을 생각함을 떠나지 아니하고, 법을 생각함을 떠나지 아니하고, 스님들을 생각함을 떠나지 아니하며, 내지 갖가지 지혜와 일체 지혜의 지혜를 구족하려는 생각을 떠나지 아니하느니라."

과보를 거두는 공과[攝報果]로 제3 발광지에 머물면 이와 같은 과보가 따르는 것을 밝혔다. 먼저 삼십삼천의 왕이 된다. 현실로 바꾸어 말하면 미국이나 중국과 같은 큰 나라의 대통령이 된 것과 같다. 먼저 대통령의 명령으로 국가의 법을 세워서 일체 국민들이 탐욕을 버리도록 한다. 다음으로는 법을 세워 보시하고, 좋은 말을 하고, 이로운 행을 하고,

일을 함께 하게 한다. 그래서 모든 국민들이 정직하고 선량하게 살도록 하여 그 나라에는 평화와 안녕이 가득하도록 하는 것이다. 정직하고 선량하게 할 뿐만 아니라 나아가서 부처님과 부처님의 가르침과 부처님의 가르침을 따르는 승가를 항상 생각하고 궁극에는 일체 지혜의 지혜를 생각하게 한다. 이와 같은 나라를 보살들은 꿈꾼다.

부작시념 아당어일체중생중 위수 위
復作是念호대 **我當於一切衆生中**에 **爲首**며 **爲**
승 위수승 위묘 위미묘 위상 위무상
勝이며 **爲殊勝**이며 **爲妙**며 **爲微妙**며 **爲上**이며 **爲無上**
내지위일체지지의지자
이며 **乃至爲一切智智依止者**라하나니라

"다시 또 생각하기를 '내가 중생들 가운데서 머리가 되고, 나은 이가 되고, 썩 나은 이가 되고, 묘한 이가 되고, 미묘한 이가 되고, 위가 되고, 위없는 이가 되고, 내지 일체 지혜의 지혜에 의지함이 되리라.' 라고 하느니라."

과보를 거두는 공과로서 더 나아가는 행이다. 삼십삼천의 왕이 될 뿐만 아니라 중생들 가운데서 머리가 되고, 나은 이가 되고, 썩 나은 이가 되고, 묘한 이가 되고, 미묘한 이가 되고, 위가 되고, 위없는 이가 되고, 내지 일체 지혜의 지혜에 의지함이 되기를 염원하는 것이다.

약근행정진 어일념경 득백천삼매 득
若勤行精進하면 **於一念頃**에 **得百千三昧**하야 **得**
견백천불 지백천불신력 능동백천불세
見百千佛하며 **知百千佛神力**하며 **能動百千佛世**
계 내지시현백천신 일일신 백천보살 이
界하며 **乃至示現百千身**에 **一一身**이 **百千菩薩**로 **以**
위권속
爲眷屬이니라

"만약 부지런히 정진하면 잠깐 동안에 백천 삼매를 얻고, 백천 부처님을 친견하고, 백천 부처님의 신통의 힘을 알고, 백천 부처님의 세계를 진동하며, 내지 백천 가지 몸을 나타내고, 몸마다 백천 보살로 권속을 삼느니라."

만약 여기에서 더 부지런히 정진하면 한순간에 백천 삼매를 얻고, 백천 부처님을 친견하고, 백천 부처님의 신통의 힘을 아는 등의 공과가 있을 것이다.

(3) 원력과 지혜의 공과[願智果]

약이보살수승원력 자재시현 과어차
若以菩薩殊勝願力으로 **自在示現**인댄 **過於此**

수 백겁천겁 내지백천억나유타겁 불능
數하야 **百劫千劫**과 **乃至百千億那由他劫**에도 **不能**

수지
數知니라

"만약 보살의 수승한 원력으로 자재하게 나타내 보이면, 이보다 훨씬 더 많아서 백겁 천겁과 내지 백천억 나유타 겁에도 능히 세어서 알 수 없느니라."

보살이 만약 원력과 지혜를 자재하게 마음껏 나타내게 된다면 위에서 든 백천 부처님의 신통의 힘을 알고, 백천 부처님의 세계를 진동하며, 내지 백천 가지 몸을 나타내는 것보다 훨씬 더 많으리라.

14) 게송으로 그 뜻을 거듭 설하다

(1) 발광지發光地에 들어가는 열 가지 깊은 마음

이시　금강장보살　욕중선기의　이설송왈
爾時에 **金剛藏菩薩**이 **欲重宣其義**하사 **而說頌曰**

그때에 금강장보살이 그 뜻을 다시 펴려고 게송으로 말하였습니다.

청정안주명성심　　염리무탐무해심
清淨安住明盛心과　**厭離無貪無害心**과

견고용맹광대심　　지자이차입삼지
堅固勇猛廣大心이여　**智者以此入三地**로다

청정하고 편히 머물고 밝고 성대한 마음과

싫어하고 탐심 없고 해치지 않는 마음과

견고하고 용맹하고 넓고 큰 마음으로

지혜로운 이가 이것으로 제3지에 들도다.

앞의 장문에서 밝힌 열 가지 깊은 마음은 "청정한 마음과 편안히 머무는 마음과 싫어서 버리는 마음과 탐욕을 여의는 마음과 물러가지 않는 마음과 견고한 마음과 밝고 성대한 마음과 용맹한 마음과 넓은 마음과 큰 마음"이다. 지혜로운 보살은 이와 같은 마음으로 제3지에 들어간다.

(2) 유위법有爲法의 실상을 관觀하다

보 살 주 차 발 광 지 **菩薩住此發光地**에	관 제 행 법 고 무 상 **觀諸行法苦無常**과
부 정 패 괴 속 귀 멸 **不淨敗壞速歸滅**과	무 견 무 주 무 내 왕 **無堅無住無來往**하며

보살이 발광지에 머물고는

모든 법이 괴롭고 무상하고

부정하고 파괴되고 빨리 소멸하고

견고함도, 머묾도, 왕래도 없음을 관찰하도다.

금강경에서 "일체 유위법은 꿈과 같고, 환영과 같고, 물거품과 같고, 그림자와 같고, 이슬과 같고, 번갯불과 같다. 응당 이와 같이 관찰하라."라고 하였다. 또한 괴롭고, 무상하고, 부정하고, 파괴되고, 빨리 소멸하고, 견고하지 않고, 머물지 않고, 왕래가 없다. 보살은 지혜가 빛을 발하는 제3 발광지에 머물러 일체 유위법을 이와 같이 관찰한다.

관 제 유 위 여 중 병　　우 비 고 뇌 혹 소 전
觀諸有爲如重病하야　**憂悲苦惱惑所纏**이요

삼 독 맹 화 항 치 연　　무 시 시 래 불 휴 식
三毒猛火恒熾然하야　**無始時來不休息**이로다

모든 유위법은 중병重病과 같고
슬프고 괴롭고 번뇌에 속박되며
삼독의 맹렬한 불 항상 치성하게 타서
끝없는 옛적부터 쉬지 않음을 관찰하도다.

또한 유위법은 마치 중병에 걸린 것과 같고, 슬프고, 괴롭고, 번뇌에 속박되며, 삼독의 맹렬한 불길이 예전부터 항

상 치성하게 타고 있음을 관찰한다.

(3) 불지혜佛智慧에 나아가다

염 리 삼 유 불 탐 착　　　　전 구 불 지 무 이 념
厭離三有不貪着하고　專求佛智無異念하니

난 측 난 사 무 등 륜　　　　무 량 무 변 무 핍 뇌
難測難思無等倫이며　無量無邊無逼惱로다

삼유三有를 다 여의어 탐착하지 않고
오로지 부처님의 지혜를 구해 딴 생각 없고
헤아리기도, 생각하기도 어렵고 짝할 이도 없어
한량없고 그지없고 핍박 없도다.

제3 발광지에 오른 보살은 욕계와 색계와 무색계를 탐착하지 아니하고 오로지 부처님의 지혜를 구할 뿐 다른 생각이 없다. 오로지 부처님의 지혜를 구하는 보살은 헤아리기도 어렵고, 생각하기도 어렵고, 같을 이도 없다. 그 마음 한량없고 그지없어 그 무엇에도 핍박받는 일이 없다.

(4) 중생을 불쌍히 여기다

견 불 지 이 민 중 생　　고 독 무 의 무 구 호
見佛智已愍衆生호대　**孤獨無依無救護**하며

삼 독 치 연 상 곤 핍　　주 제 유 옥 항 수 고
三毒熾然常困乏하며　**住諸有獄恒受苦**하며

부처님 지혜 보고 나서 중생을 불쌍히 여기되
고독하여 의지 없고 구제할 이 없어
삼독의 불이 치성한데 항상 곤핍하고
생사의 옥에서 항상 고통받도다.

발광지의 보살이 부처님의 지혜를 보고 나서는 중생들을 불쌍히 여겨 골고루 살펴보니, 그들은 모두 고독하고 의지할 데 없으며 누구 하나 구호하는 사람이 없다. 그런데 탐욕과 분노와 어리석음의 불길은 활활 타오른다. 이 모습을 삼계화택三界火宅이라고 하였다. 화택 속에 있으니 그 고통이 오죽하겠는가.

번 뇌 전 부 맹 무 목　　　지 락 하 열 상 법 보
煩惱纏覆盲無目하며　　**志樂下劣喪法寶**하며

수 순 생 사 포 열 반　　　아 응 구 피 근 정 진
隨順生死怖涅槃하니　　**我應救彼勤精進**이로다

번뇌에 덮이어서 눈이 멀었고
마음이 용렬하여 법의 보배 상실하며
생사를 따르느라 열반을 두려워하니
내가 저를 구제하려고 항상 정진하도다.

중생들이 삼독의 번뇌로 세상에 얽혀 사는 모습은 참으로 가련하다. 마치 맹인이 눈이 없으면서 불길 속에서 허덕이는 광경이다. 마음마저 용렬하여 진리의 가르침을 상실하고 생사를 수순하고 열반을 오히려 두려워한다. 그러므로 보살은 저들을 구호하기 위해서 부지런히 정진하고 또 정진한다.

(5) 중생 제도할 원과 방편을 세우다

장 구 지 혜 익 중 생　　사 하 방 편 영 해 탈
將求智慧益衆生호대　思何方便令解脫고하야

불 리 여 래 무 애 지　　피 부 무 생 혜 소 기
不離如來無礙智하니　彼復無生慧所起로다

장차 지혜를 얻어 중생을 이익케 하려면
어떤 방편으로 해탈케 할까를 생각해서
여래의 걸림 없는 지혜를 여의지 않고
다시 생멸 없는 지혜를 일으켰도다.

중생들을 이익하게 하는 가장 수승한 방편은 여래께서 깨달으신 걸림 없는 지혜를 떠나지 않고, 다시 중생들에게 생멸이 없는 지혜를 일으키는 일이다. 다시 말하면 중생들이 생사의 고통에서 헤매고 있으므로 생멸이 없는 지혜를 일으켜 주는 일이다. 왜 일으키는가 하면 생멸이 없는 지혜는 중생들이 본래로 갖추고 있으나 깨닫지 못하므로 다만 본래 있는 지혜를 일으키면 되는 것이기 때문이다.

심념차혜종문득 여시사유자근려
心念此慧從聞得하고 如是思惟自勤勵하야
일야청습무간연 유이정법위존중
日夜聽習無間然하야 唯以正法爲尊重이로다

생각하니 이 지혜는 들어서 얻고
이와 같이 사유하고 부지런히 애를 써서
밤낮으로 듣고 익혀 쉬지 않으며
오직 바른 법을 존중하도다.

본래로 갖추고 있는 지혜라 하더라도 먼저 깨달은 이로부터 배워야 한다는 사실을 또한 알아야 한다. 그 사실을 생각해서 부지런히 애를 써서 밤낮으로 쉬지 않고 정법을 받들어야 한다.

국성재패제진보 처자권속급왕위
國城財貝諸珍寶와 妻子眷屬及王位를
보살위법기경심 여시일체개능사
菩薩爲法起敬心하야 如是一切皆能捨로다

나라와 재물이며 모든 보물과
처자나 권속들과 국왕의 자리를
보살이 법을 위해 공경한 마음을 내어
이와 같은 모든 것 능히 버리도다.

불교는 자신의 재물에 대하여 욕심을 버리고 보시하는 일이 근본이다. 그래서 그 많고 많은 가르침 중에서 귀의법이욕존歸依法 離欲尊이라 하였다. 그래서 원효스님도 발심수행장에서 "모든 부처님이 적멸한 이치를 깨달은 것은 오랜 세월에 욕심을 버리고 어려운 수행을 하였기 때문이며, 많은 중생들이 화택 속에서 윤회하는 것은 한량없는 세상에서 탐욕을 부려 재물을 버리지 못했기 때문이다."[7]라고 하였다. 그러므로 보살은 나라와 일체 재물과 보물과 처자와 권속과 국왕의 자리까지 보시하여 오로지 법을 존중하고 공경하는 것으로 삶의 최고 가치를 삼는다.

7) 夫諸佛諸佛이 莊嚴寂滅宮은 於多劫海에 捨欲苦行이요 衆生衆生이 輪廻火宅門은 於無量世에 貪欲不捨니라.

두 목 이 비 설 아 치　　　수 족 골 수 심 혈 육
頭目耳鼻舌牙齒와　　**手足骨髓心血肉**이여

차 등 개 사 미 위 난　　　단 이 문 법 위 최 난
此等皆捨未爲難이요　**但以聞法爲最難**이로다

머리와 눈, 귀와 코와 혀와 치아와
손과 발과 골수와 심장과 혈육
이런 것 다 버려도 어렵지 않지만
바른 법 듣는 일이 가장 어렵도다.

보살은 심지어 머리와 눈과 귀와 코와 혀와 치아와 손과 발과 골수와 심장과 혈육 등 이런 것을 다 버린다 해도 그것은 어렵지 않지만 부처님의 정법을 듣는 일이 가장 어렵다는 것을 깊이 깨닫는다. 그래서 열반경에서 설산동자가 한 구절의 법을 듣기 위해 그 몸을 나찰귀신에게 공양 올린 것이다.

설 유 인 래 어 보 살　　　숙 능 투 신 대 화 취
設有人來語菩薩호대　**孰能投身大火聚**오

아 당 여 여 불 법 보　　　문 이 투 지 무 겁 구
我當與汝佛法寶라하면　聞已投之無怯懼로다

어떤 사람이 보살에게 와서 말하기를
누구나 큰 불구덩이에 몸을 던지면
내가 마땅히 그대에게 불법의 보배를 주리라 하면
이 말을 듣고는 몸을 던져도 두려움 없으리라.

진정으로 진리의 가르침을 최고의 가치로 생각하는 보살이라면 그 몸을 불구덩이에 던지는 한이 있더라도 반드시 불법의 보배를 얻으려 할 것이다. 그런데 하물며 소소한 명예나 재산이겠는가.

가 사 화 만 삼 천 계　　　신 종 범 세 이 투 입
假使火滿三千界라도　身從梵世而投入이니

위 구 법 고 불 위 난　　　황 부 인 간 제 소 고
爲求法故不爲難이어든　況復人間諸小苦아

가령 맹렬한 불길이 삼천세계에 가득 찼는데
범천에서 몸을 던져 뛰어든다 해도

법을 구하기 위해서는 어렵지 않거든
하물며 인간의 작은 고통을 참지 못하겠는가.

보살은 정법을 구하기 위해서는 어떤 난행과 고행도 다 감수한다. 가령 저 높은 하늘에서 몸을 던져 큰 불구덩이에 떨어진다 하더라도 법을 구하기 위한 일이라면 기꺼이 한다. 하물며 인간세상에서 있을 수 있는 작은 고통이야 참지 못하겠는가.

종초발의지득불	기간소유아비고
從初發意至得佛히	**其間所有阿鼻苦**를
위문법고개능수	하황인중제고사
爲聞法故皆能受어든	**何況人中諸苦事**아

처음 발심한 때부터 부처에 이를 때까지
그동안에 닥쳐 오는 끊임없는 고통을
법을 듣기 위해서 다 능히 받아들이는데
하물며 인간이 겪는 온갖 괴로움이겠는가.

실로 불법을 만나게 되면 갈등이 적지 않다. 불교의 가르침에는 하지 말아야 할 것도 많고, 몸소 실천궁행해야 할 것도 많다. 아무리 훌륭한 가르침을 많이 듣고 배웠더라도 인간적인 탐욕과 분노와 어리석음에서는 한 걸음도 나아가지 못하고 그대로다. 남을 보아도 그렇고 자신을 보아도 그렇다. 불법을 처음 만나 환희심을 내어 반드시 깨달으리라는 생각을 하였으나 얼마 지나지 않아서 다시 평범한 사람으로 돌아가 탐욕과 분노와 어리석음을 그대로 행사한다. 처음 발심한 때로부터 부처에 이를 때까지 어떤 고통도 견디며 오직 법을 위해서만 살 수 있다면 성인에 이른 이가 적지 않을 것이다.

(6) 제3지를 닦은 공과功果를 밝히다

문 이 여 리 정 사 유　　획 득 사 선 무 색 정
聞已如理正思惟하야　**獲得四禪無色定**하며

사 등 오 통 차 제 기　　불 수 기 력 이 수 생
四等五通次第起나　**不隨其力而受生**이로다

법문 듣고 이치대로 바르게 생각하여

사선정四禪定과 무색계의 삼매 얻으며
자비희사와 오신통이 차례대로 일어나
그 힘을 따르지 않고 생을 받으리라.

앞의 장문에서 이와 같이 설하였다. "이 보살이 선정과 삼매와 삼마발저三摩鉢底에 마음대로 들고 나면서도, 그 힘을 따라 태어나는 것이 아니고, 보리의 부분을 만족할 수 있는 곳을 따라서 뜻과 원력으로 그 가운데 나느니라."

보살주차견다불　　　공양청문심결정
菩薩住此見多佛하야　**供養聽聞心決定**하며

단제사혹전청정　　　여연진금체무감
斷諸邪惑轉淸淨하니　**如鍊眞金體無減**이로다

3지에 머문 보살이 수많은 부처님 친견하고
공양하고 법문 들어 마음이 결정하여
삿된 의혹 다 끊고 더욱 청정한 것이
진금을 단련해도 무게가 줄지 않듯 하도다.

제3지를 닦은 공과는 수많은 부처님을 친견하게 되고 공양 올리고 법문 들어서 마음이 더욱 분명하여 모든 의혹을 다 끊고 청정하여진 것이 마치 진금을 단련할 때 그 무게는 줄지 않는 것과 같다.

주 차 다 작 도 리 왕　　　화 도 무 량 제 천 중
住此多作忉利王하야　化導無量諸天衆호대
영 사 탐 심 주 선 도　　　일 향 전 구 불 공 덕
令捨貪心住善道하야　一向專求佛功德이로다

제3지에 머문 보살은 도리천왕이 되어
한량없는 하늘 대중들을 다 교화하여
탐욕심을 버리고 선도善道에 머물게 하고
한결같이 부처님의 공덕을 구하게 하도다.

제3지에 머문 보살이 만약 세상에 있게 되면 도리천왕이 되어 큰 나라를 다스리고 백성들을 교화한다. 그래서 모든 백성들에게 탐욕과 분노와 어리석음을 버리고 정직하고 선량하게 살도록 가르친다. 나아가서 오로지 부처님의 공덕을 구하게 한다.

불자주차근정진　　백천삼매개구족
佛子住此勤精進하야　**百千三昧皆具足**하며

견백천불상엄신　　약이원력부과시
見百千佛相嚴身이나　**若以願力復過是**로다

불자들이 발광지에서 부지런히 정진하여
백천 삼매를 다 구족하고
상호로 장엄한 백천 부처님을 친견하지만
만약 서원하는 힘으로는 이보다 더 뛰어나도다.

보살이 제3 발광지에 머물면 부지런히 정진하여 백천 삼매를 다 구족하고 또 백천 부처님을 다 친견하지만 만약 거기에서 원력을 더하면 이보다 훨씬 더 뛰어나다. 지위에 오를 때마다 조화롭고 유연한 공과와 과보를 거두는 공과와 원력과 지혜의 공과가 장문에서는 따로 있었으나 게송에서는 합하여 밝혔다.

(7) 맺는 말

일 체 중 생 보 이 익　　　피 제 보 살 최 상 행
一切衆生普利益이　　　彼諸菩薩最上行이니

여 시 소 유 제 삼 지　　　아 의 기 의 이 해 석
如是所有第三地를　　　我依其義已解釋이로다

일체 중생을 널리 이익되게 하는 것이
저 여러 보살들의 가장 높은 행이니
이와 같은 제3지에 대하여
내가 그 뜻을 의지해서 이미 해석했노라.

제3 발광지 법문을 다 마쳤다. 여러 가지 설명이 있었으나 일체 중생을 널리 이익되게 하는 것이 보살의 가장 훌륭한 행이라고 하였다. 이로써 장문과 게송을 다 설하였다.

십지품 2 끝

〈제35권 끝〉

華嚴經 構成表

<table>
<tr><th>分次</th><th colspan="2">周次</th><th>内容</th><th>品數</th><th>會次</th></tr>
<tr><td>擧果勸樂生信分
(信)</td><td colspan="2">所信因果周</td><td>如來依正</td><td>世主妙嚴品 第一
如來現相品 第二
普賢三昧品 第三
世界成就品 第四
華藏世界品 第五
毘盧遮那品 第六</td><td>初會</td></tr>
<tr><td rowspan="9">修因契果生解分
(解)</td><td rowspan="7">差別因果周</td><td rowspan="6">差別因</td><td>十信</td><td>如來名號品 第七
四聖諦品 第八
光明覺品 第九
菩薩問明品 第十
淨行品 第十一
賢首品 第十二</td><td>二會</td></tr>
<tr><td>十住</td><td>昇須彌山頂品 第十三
須彌頂上偈讚品 第十四
十住品 第十五
梵行品 第十六
初發心功德品 第十七
明法品 第十八</td><td>三會</td></tr>
<tr><td>十行</td><td>昇夜摩天宮品 第十九
夜摩天宮偈讚品 第二十
十行品 第二十一
十無盡藏品 第二十二</td><td>四會</td></tr>
<tr><td>十迴向</td><td>昇兜率天宮品 第二十三
兜率宮中偈讚品 第二十四
十迴向品 第二十五</td><td>五會</td></tr>
<tr><td>十地</td><td>十地品 第二十六</td><td>六會</td></tr>
<tr><td>等覺</td><td>十定品 第二十七
十通品 第二十八
十忍品 第二十九
阿僧祇品 第三十
如來壽量品 第三十一
菩薩住處品 第三十二</td><td rowspan="4">七會</td></tr>
<tr><td>差別果</td><td rowspan="3">妙覺</td><td>佛不思議法品 第三十三
如來十身相海品 第三十四
如來隨好光明功德品 第三十五</td></tr>
<tr><td rowspan="2">平等因果周</td><td>平等因</td><td>普賢行品 第三十六</td></tr>
<tr><td>平等果</td><td>如來出現品 第三十七</td></tr>
<tr><td>托法進修成行分
(行)</td><td colspan="2">成行因果周</td><td>二千行門</td><td>離世間品 第三十八</td><td>八會</td></tr>
<tr><td>依人證入成德分
(證)</td><td colspan="2">證入因果周</td><td>證果法門</td><td>入法界品 第三十九</td><td>九會</td></tr>
</table>

(資料：文殊經典硏究會)

會場	放光別	會主	入定別	說法別擧
菩提場	遮那放齒光眉間光	普賢菩薩爲會主	入毘盧藏身三昧	如來依正法
普光明殿	世尊放兩足輪光	文殊菩薩爲會主	此會不入定· 信未入位故	十信法
忉利天宮	世尊放兩足指光	法慧菩薩爲會主	入無量方便三昧	十住法門
夜摩天宮	如來放兩足趺光	功德林菩薩爲會主	入菩薩善思惟三昧	十行法門
兜率天宮	如來放兩膝輪光	金剛幢菩薩爲會主	入菩薩智光三昧	十廻向法門
他化天宮	如來放眉間毫相光	金剛藏菩薩爲會主	入菩薩大智慧光明三昧	十地法門
再會普光明殿	如來放眉間口光	如來爲會主	入刹那際三昧	等妙覺法門
三會普光明殿	此會佛不放光· 表行依解法依解光故	普賢菩薩爲會主	入佛華莊嚴三昧	二千行門
祇陀園林	放眉間白毫光	如來善友爲會主	入獅子頻申三昧	果法門

如天 無比

1943년 영덕에서 출생하였다. 1958년 출가하여 덕흥사, 불국사, 범어사를 거쳐 1964년 해인사 강원을 졸업하고 동국역경연수원에서 수학하였다. 10여 년 선원생활을 하고 1976년 탄허스님에게 화엄경을 수학하고 전법, 이후 통도사 강주, 범어사 강주, 은해사 승가대학원장, 대한불교조계종 교육원장, 동국역경원장, 동화사 한문불전승가대학원장 등을 역임하였다. 2018년 5월에는 수행력과 지도력을 갖춘 승랍 40년 이상 되는 스님에게 품서되는 대종사 법계를 받았다.

현재 부산 문수선원 문수경전연구회에서 150여 명의 스님과 300여 명의 재가 신도들에게 화엄경을 강의하고 있다. 또한 다음 카페 '염화실'(http://cafe.daum.net/yumhwasil)을 통해 '모든 사람을 부처님으로 받들어 섬김으로써 이 땅에 평화와 행복을 가져오게 한다.'는 인불사상(人佛思想)을 펼치고 있다.

저서로『유마경 강설』(전 3권),『대방광불화엄경 실마리』,『무비스님의 왕복서 강설』,『무비스님이 풀어 쓴 김시습의 법성게 선해』,『법화경 법문』,『신금강경 강의』,『직지 강설』(전 2권),『법화경 강의』(전 2권),『신심명 강의』,『임제록 강설』,『대승찬 강설』,『당신은 부처님』,『사람이 부처님이다』,『이것이 간화선이다』,『무비 스님과 함께하는 불교공부』,『무비 스님의 증도가 강의』,『일곱 번의 작별인사』, 무비 스님이 가려 뽑은 명구 100선 시리즈(전 4권) 등이 있고 편찬하고 번역한 책으로『화엄경(한글)』(전 10권),『화엄경(한문)』(전 4권),『금강경 오가해』등이 있다.

대방광불화엄경 강설 제35권

| **초판 1쇄 발행**_ 2016년 2월 2일
| **초판 3쇄 발행**_ 2020년 10월 24일

| **지은이**_ 여천 무비(如天 無比)
| **펴낸이**_ 오세룡
| **편집**_ 박성화 손미숙 김정은 김영미
| **기획**_ 최은영 곽은영
| **디자인**_ 고혜정 김효선 장혜정
| **홍보 마케팅**_ 이주하
| **펴낸곳**_ 담앤북스
서울특별시 종로구 새문안로3길 23 경희궁의 아침 4단지 805호
대표전화 02)765-1251 전송 02)764-1251 전자우편 damnbooks@hanmail.net
출판등록 제300-2011-115호
| ISBN 978-89-98946-82-1 04220

정가 14,000원